Raphael Eglinus Iconius

Newe Meerwunderische Prophecey, Auff Danielis

unnd der Offenbarung Johannis Zeytrechnung gezogen

Raphael Eglinus Iconius

Newe Meerwunderische Prophecey, Auff Danielis
unnd der Offenbarung Johannis Zeytrechnung gezogen

ISBN/EAN: 9783743647923

Hergestellt in Europa, USA, Kanada, Australien, Japan

Cover: Foto ©Lupo / pixelio.de

Weitere Bücher finden Sie auf **www.hansebooks.com**

Newe Meerwunderische Prophecey/

Auff Danielis vnnd der

Offenbarung Johannis Zeytrechnung

gezogen / die aller erst durch Gottes
gnad an das liecht gebracht.

Darinn so wol der Offenbarung kurtze mei-
nung / als der gantzen streyttenden Kirchen zustand / auß den Mahl vnd Zahlzeichen/ so
an dreyen Meerfischen gantz wunderbarlicher weise gefunden/
angezeigt wirdt:

Durch

RAPHAELEM EGLINVM ICONIVM,

Dienern der Kirchen zu Zürych / erstlich
in Latin beschrieben/ jetzt aber gemeinem Teutschen land zum besten
in das Teutsch gebracht.

Getruckt zu Zürych im Jar 1598.

Allen Chꝛiſten durch gantz Teutſchlandt/

fürnemlich denen/ ſo gegen Mitternacht/in Denn=
marck/Noꝛwegen/ vnnd in Pommeren/den nammen
Jeſu Chꝛiſti mit reinem hertzen an=
ruͤffen/gnade von Gott/ꝛc.

Ls ich gegenwirtige Meerwunderiſche Pꝛo=
phecey/die ich auff die weiſſagungen Daniels
vnnd der Offenbarung Johannis gezogen/
vnnd nach der gnade/ die mir Gott verlihen/
erklert/ im Truck außgehen zulaſſen/ willens
war/da hab ich ihꝛ liebe Teutſchẽ/vñ alle die ihꝛ dẽ namen
Jeſu Chꝛiſti recht bekennen/ſie nicht ohne dieſe Voꝛrede
an euch/an das liecht woͤllen laſſen kommen/ eins theils/
das ich hiemit die Hiſtoꝛi diß gegenwirtigen handels/
kurtz durchlauffen/anders theils aber euch gnug vꝛſach
diß meines voꝛhabens / da ich nemlich dieſe ding vm̃ deß
gemeinen wolſtandes willen an tag geben / vermelden
koͤndte.

Es hat voꝛ zehen jaren/Ananias Jerancurius laſſen
in Latiniſcher ſprach außgehen ein beſchreibung etli=
cher Charactern vnd Mahlzeichen/ſo an zweyen Herin=
gen geſehen vnd gefunden / deren der groͤſſeſt in Denn=
marck/ der kleiner in Noꝛwegen an einem tag gefangen
woꝛden/ an dem ſonſt in demſelbigen weiten Tract deß
hohen Meers/keine andere Hering haben koͤnnen gefan
gen werden/ da man doch ſonſt gemeinlich vñ gewonlich
in einer ſolchen Fiſcherey viel tauſent zeucht. Die gemel=
te beide Hering aber ſind eigentlich/ vnnd außtrucklich
mit ſchwartzen Charactern / ſo auff beide ihꝛe ſeiten ge=
truckt/bezeichnet. Damit aber diß Wunderzeichen nicht
in vergeß geſtelt wurde/ſind beide gedachte Hering mit

A ij

ohne sonderbare schickung Gottes / H. Friderichen / König in Dennmarck vnnd Norwegen vberschickt worden. Daher Ananias anlaß genommen / sein gemeldte beschreibung Königlicher Maiestet zuzeschreiben / vnnd vnder diesem Titel außgehen zulassen: Erklerung etlicher Charateren / die an den seiten zweyer Heringen gefunden worden / durch Ananiam Jeraucurium / an Königliche Maiestet in Dennmarck. Diese ding haben sich verlauffen im jar Christi 1578. auff den 21. tag Wintermonats. Wir wöllen aber deß Ananie wort selbst hieher setzen / die also lautten: Es hat einer meiner guten freunden vñ bekannten mir geschickt ein abdruck zweyer Heringen / die von Fischeren sind gefangen worden / Einer als der grösser in Dennmarck / der ander / nemlich der kleiner in Norwegen / den 21. Nouembris anno 1587. An welchē tag die Dennmarcker gewonlich fischen / vnd viel tausent fangen. Aber an gedachtem tag sind allein zwen an vnderschiedlichen orten gefangen worden. Die waren mit gewüssen vnnd schwartzen Characteren dieff in das fleisch hinein gezeichnet / vñ dem König in Dennmarckt vberschickt / vnd der mir sie geschickt / begert dabey daß ich sie gelehrten Leuten zeigete / ihr meinung daruon verneme / vnnd was ich daruon hielte / ihme zuschribe / damit er wüssen möchte / was ich von diesen Characteren vrtheilete. So viel Ananias in seinem Büchlin. In der Vorrede aber an den König selbst / schreibt er also: Es muß ein Wunderzeichen sein / daß zween Fisch / so mit Characteren gleich als mit Gottes finger gezeichnet / an zweyen orten / an einem tag sind gefangen worden: vnnd das kein andere eben an dem tag gefangen worden / an dem sonst gewohnlich viel tausent gefangen werden.

Diß hab ich mit deß Ananie worten / der vrsachen wiederholen wöllen / weil ihnen viel mehr zuglauben / als etlichen figuren / die im Teutschen land gleych auff das erste geschrey vmb gewins willen getruckt vnd feil getragen worden. Da gesagt wirdt / daß an einem ort drey
gleychs.

gleichʒ ehering vnder andern viel tauſenden ſeyen gefan=
gen worden. Weliches alles kein ſchein der warheit hat.
Wie denn auch die characteren durch auß/wenn man ſie
gegen denen/ſo Ananias hat laſſen außgehen/haltet/ver
felſcht worden/alſo daß ſchwerlich dʒ Latiniſch wort VI-
CI/gantʒ vnd vnuerſeert verblieben iſt. Derhalben wie
wir der brieffmahlern verfelſchten figuren nichts ſollen
achtē/alſo ſollen wir hingegē dem Ananie groſſen danck
ſagē. Dañ wiewol er die figur der heringe(als die andern
heringen / außgenommē die character/durchauß gleich)
nicht außgetruckt/daß man möchte wüſſen/ welche cha=
racter gegen dem kopff/oder gegen dem ſchwantʒ geſtan
den (weliches wir allein auß denen in Teutſchland ge=
truckten figuren abnemmen müſſen)ſo hat er doch die cha=
racter ſelbſt mit allem fleyß verzeichnet/vnd die gantʒ ge=
ſchicht vmſtändtlich an den König beſchrieben.

So vil aber die außlegung deß Ananie belanget /ver=
wundert er ſich gleichwol billicher weiß vber dieſem wun
derwerck vnd haltet recht darfür/daß nicht ohne groß ge
heimnis dieſe characteres in die gemeldten hering mit
Gottes finger getruckt/vnnd der Epicureeren ſpötterey
deren man heutigs tag wol findet / ernſtlich ſtrafft/ die
da jhnen traumen laſſen/daß ſie ohne geferde geſchehen/
oder mit menſchen künſten/damit ſie ſich nicht Gott vn
derwerffen/vnd dies alles für ein wunderwerck erkeñen.
Ja dies ſchleuſt er auch recht vnd wol / daß den völckern
gegen Mitternacht / ſonderlich aber Dennmarck (das
von dem Hebraiſchen wort Dan / das iſt vom gericht ge=
nennt iſt)dahin die hering geſchickt / vnd da der gröſſeſt
gefangen worden / ein beſonderbar gericht Gottes be=
deutet werde. Aber daß er Gottes gericht/das vom hauß
Gottes anhebt/alſo erklert/das Gottes hauß werde rich
ten vnd ſtraffen/nicht aber daß es werde geſtrafft vnnd

A. iij

gezüchtiget werden / in dem gibt er seinem vorhaben zu
viel zu/als der das gantz geheimnis dieser herrigen auff
das zeucht/wie die stoltzen dieser welt gerichtet/vnd Ba=
bylon solle verdampt werden. Wiewol nun Gott sein
rath vnd gericht durch die völcker gegen Mitternacht
kan vben vnd vollziehen/oder auch das gericht Gottes/
in Dennmarck / Norwegen vnd Pomern kan auffhören
(daruon ich hie nichts beschließlich setz) Jedoch/weñ wir
diesen handel auß dem paur lautern wort Gottes erwe=
gen/so werden wir finden / daß vor der verdamnus der
Babylonischen huren / da sie in jhrem höchsten thun sa=
gen wirt/ Jch sitz als ein königin/ vnnd bin kein witfraw /vnnd
wird kein leid sehen/vorher gehen muß/die groß vnd allge=
meine trübsal aller gleubigen/wenn nemlich die hur mit
dem thier verbunden vnd zu allen theilen auff dasselbig
gesetzt mit den vnergrabnen leiben der zeugen der war
heit/vnnd mit den gleubigen die vmb deß zeugnis Jesu
Christi willen ermördt sind /jhr gespött vnnd mutwillen
treiben wirdt/Apocal.11.v7.2c.13.v.7.17.v.3 6.cap.18.v 7. We
liche gleubige zwar ebē die sind/die auß der grossen trüb
sal kommen/Apoc.7.v.14.Da nemlich Gottes gericht am
hauß deß Herren / nach der lehr Petri also anhebt/ daß
Gottes hauß trübsal leiden muß/biß endtlich dz geheim
nis der boßheit erfüllet/vnd der nam Babylon offentlich
an der stirn der huren geschrieben / vnnd jhr gericht mit
sampt des thiers verdamnis an einem tag vnd stund er=
volgen wirt:da nemlich beyde das thier vnnd die hur in
den fewrigen pful/der mit schwebel brent/geworffen wer
den/Apo.18.v.8,19.v.20.Dan.7.v.11.Dies alles sol man den
Denmarckern/den Deutschen/vnd allen Christen an allen
enden vor allen dingen verkündigen : Weil jhnen diese
ding zu wissen hoch von nöte/damit sie jhnen selbst nicht
den triumph/wie man spricht/vor dem sieg / vnd den sieg
vor dem

vor dem blůtigen kampff einbilden. Denn die Kirch als⸗
denn erst mit Christo jhrem haubt wider leben/ vnd das
Reych einnemen sol/wenn sie gleych als todt zum grossen
theil im grab verschlossen gehalten wirt. Aber Ananias
selbst erkennt/daß die außlegung ein besondere gab sey/
vnd von Gott harkomme: wie der Patriarch Joseph vnd
der propheo Daniel zeugen. Darumb jhme auch dester
mehr zu vbersehen/weil er offentlich bekennt/er habe fast
alle ding/wie er können/sein buch zubestetigen/gezogen.
Denn Gott zeucht zum offteren mahl die außlegung der
Wunderzeichen vnd gesichten auff/damit er vns zur be⸗
trachtung vnd erforschung der geheimnussen destomehr
auffmuntere/ vnd jhme alles lob der rechten vñ wahren
außlegung allein zugeschriebē werde/ als der sie endtlich
zu bestimbter zeit offenbaret. Derhalbē was Ananias so
wol in der Historischen erzehlung/als in der erklerung/
der warheit gemesses vñ glaubwirdiges herfür bracht/
das nemen wir zu grossem danck an. Was aber das vbe⸗
rig antrifft/tragē wir kein bedencken/an statt vngereim⸗
ter dingen/gereimte/an statt gemeiner/eigentliche/ vnd
an statt dunckler vnd zweyfelhafftiger helle vnd gewisse
zu setzen. Diß ist ja gar zu gemein vnd vngereimt/ das er
seines gefallens/den buchstabē gantze wörter andichtet/
als da er das wort VICI, Jch hab vberwunden: welches in
der rechten seyten deß grösseren Herings geschrieben ist/
also außlegt/ V Venit, Es kompt/ I Iesus, Jesus/ C Christus,
Christus/ I Iudicare, zu richten. Wer wolt aber nit sagen/
daß diß ein kindisch gedicht sey: weil auff diese weise den
gemeldten buchstaben/ auch andere vnd andere vnzahl⸗
bare wörter köndten angedichtet werden/ mit welichen
diese buchstaben/viel ein andern verstand möchten vber⸗
kommen : als zum Exempel/ Vult Ierusilem Calcari Iesus, das ist/ Jesus wil daß Jerusalem mit füssen getretten

rwerde: oder/Iesus Vult Convertere Iudæos, das iſt/ Jeſus wil
die Juden bekehren. Vber dieſem aber iſt ſich noch mehr
zu verwundern/ das er andere vnd frömbde wörter hin=
zu ſtickt/vnd aber grad dieſes wörtlin ſelbſt/ das in dem
fiſch gezeichnet/vnd von Gott ſelbſt herkompt/ vñ auß=
trucklich heißt/ VICI, das iſt/ Jch hab vberwunden/mit
ſtillſchweigen vnd vngeachtet vbergehet. Mit welichem
doch/ als mit einem herrlichen zeugniß/ der ſieg Chriſti
wider das thier vnnd den falſchen propheten/Apoc.17.v.
14.19.v.20. vñ das gheimnuß ſo in den tagē deß ſiebenden
poſaunenden Engels ſol vollſtreckt werden/gantz heiter
erleutert vnd geprieſen wirdt: gleich wie dieſer alt vnnd
bekannt ſpruch/Veni, Vidi, Vici, Jch bin kommen/Jch hab
geſehen/ Jch hab vberwunden/ der Keiſern ſiege vnnd
triumph preißt vnd lobt. Ja deß mehr gedachten worts/
VICI, Jch hab vberwunden/ bedeutung hat auch vrſa=
chen halber mit ſtillſchweigen nicht ſöllen vbergangen
werden/ weil das Latin wort/der Latiniſchen Monar=
chey ohne zweyfel jhren fahl vnd Fatum vermeldet/ vnnd
derhalben in aller dero ohren/ ſo in vnd vnder derſelben
ſind/erſchallet. Aber es iſt nicht vnſers vorhabens/ deß
Ananie arbeit zuſchelten: dem wir viel mehr dancken vm̄
das/ſo er gutwillig vns mitgetheilt hat. Jedoch iſt diß
offenbar/das er fürnemlich darauff geſehen/ wie er dieſe
ding alle auff ſein vorhaben ziehen möchte: weil er ſelbſt
alſo ſchreibt: Als mir dieſe Hering zukommen / ſchreib ich eben
ein büchlin : welches zum gröſten theil ſchon gemacht war/ vnnd
war nichts mehr vberig denn ein ſiegel / da ſind mir dieſe Hering
zukommen/als ein ſiegel deß gantzen handels. So viel Jerau=
curius. Aber das er alle dieſe ding/auff das vergangne
88 jar/von welchem wunderbarliche weyſſagungen/ wie
er ſpricht/ergangen/zeucht/vñ darfür haltet, diß ſey das
ſechßt vnd letzt ohn eins auß den ſieben gemeinen grid-
ten vñ

ten vñ straffen (die er ich weiß nicht woher erdichtet) mit
welchem auß mitternacht her der vndergang Babylonis
getrewet wirt: dz hat der außgang gnugsam widerlegt:
vnd hat also sein außlegung allen glauben verloren. Der
halben sollen wir nachmahlen das geheimnis der herin=
gen desto fleiss.ger erforschen/ie weniger wir sehen / daß
Ananias dasselbig erreicht hat: damit dies meerwunder
als ein new ding nicht gering geschetzt / oder von wegen
der lenge der zeit in vergeß gestellt werde.

Nach dem wir nun des Jerancurij gedancken außge=
setzt/so ist es an dem/ daß wir die vnsern vermelden: also
daß wir die verloffne geschicht summarischer weise wi=
derholen/vnd vnsers vorhabens vrsach anzeigen: vnnd
dies alles dem vnparteischen vrtheil deß Lesers vnder=
werffen. Als ich nun den 3. tag Christmonats des abge=
loffnen 96.iahrs in ein convent gienge/ist vnser etlichen
von einem fürnemen Diener dieser Kirchen fürgezeigt
worden/ein figur eines meerfisches/der einem Hecht nicht
vast vngleich war: welchen etliche für ein schwerdt oder
hornfisch / andere für ein Cabelach hielten. Der war mit
mancherley wunderbaren hieroglyphischen vnd arith=
metischen zeichen vnd characteren gezeichnet / welches
abcontrafechtung ein fürnemmer Herr in vnserm Regi=
ment von Costants bekommen / dahin sie von Ertzher=
zog Mathia gebracht/eben von der statt/ in welcher die
zween bekanten Martyrer Johan Huß vnnd Hierony=
mus von Prag / anno 1415. sind verbrennt worden.
Es ward aber darbey vermeldet / daß der Ertzherzog
diese figur von seinem bruder dem Keiser/der Keiser a=
ber von Grypswalden empfangen hette / vnd ward dar=
bey geschrieben/der fische selbst sey von Martin Hausa=
tel einem burger zu Grypswalden/in gemeldtem 96.jahr
den 22.tag Meyen gefangen worden. Als ich nun wider

B

rumb heim kam/hab ich die mehr gedachten hering wi=
derumb auffgesucht. Zur selben zeit hat ich mich gantz be
geben auff die zeitrechnung der H. Schrifft / weil ich
kurtz zuvor auff den 10. tag Wintermonats ein newe / a=
ber doch bequeme/vnd auff den buchstaben gentzlich ge=
richte außlegung der sibentzig wuchen Danielis erfun=
den hat. Vnd als ich weiter fort schriebe/ist mir da erst ge
offenbaret/wz Danielis am 12. cap. von den tausend zwey
hundert vnd neuntzig tagen/demnach was von der Pro=
phecey der zweyen zeugen Christi Apoc. 11. in den tausend
zweyhundert vnd sechtzig tagen/item von dem zehenhör=
nigen thier/das zween vnd viertzig monat regiert Apoc.
13. vnd endtlich von dem weib das in der wüste eine zeit/
vnd zwo zeit/vnnd ein halbe zeit erneeret ist/Apoc. 12. ge=
schrieben stehet.   Vnd dies zwar nicht auß einicher für=
witz meines verstands gesucht / sonder auß sonderbarer
gnade Gottes mir mitgetheilt worden. Daher ich auff
den 20. Wintermonats die gantz zeitrechnung der offen=
barung zusamen gebracht/darinn alle Capitel mit hertz=
licher vnd einhelliger ordnung durchauß übereinstimen:
also daß ich domahls alle die ding verstund/die ich zuvor
bey keinem andern / meins behalts/gelesen /vnd die ich
auch selbst mit fleissigen nachtrachten vnd forschen nicht
habe künnen ergründen. Weil ich nun mit diesen dingen
vmbgehe/regiert die pestilentz/durch welche mein eltestes
töchterlin vnd bruder an einem tag von dieser zeit gefor=
dert worden :   da ich denn auß diesen offenbarungen ein
mercklichen trost empfunden.   Als ich aber den Grypß=
waldischen fisch gegē den viel gedachten heringen hielt/
da hab ich als bald / vnnd wider alle hoffnung gesehen/
daß dieser fischen mahlzeichen sich auff die zeitrechnung
schicken/vnd auff gewisse zahl der jaren können vnd sol=
len gezogen werden.   Derhalben ich erstlich die zahlzei=
chen in

chen in den heringen außgerechnet/vnnd befunden/daß
sie mit der zeit/die in der offenbarung Johannis den zwey
en zeugen Christi gegeben wirt/durchauß vberein stim
ten. Eben dieß hab ich auch im Grypßwaldischen fisch zu
thun vnderstanden:welches doch nicht ehe von statt gan
gen/biß ich den termin/den der Engel Danielis am 12.
cap.setzt/mit fleiß betrachtet.Denn als ich von dennen an
fieng zurechnen/hab ich die offenbarung verstanden.Dar
auß ich hernach gemerckt/daß die zahlen im Grypßwal
dischen fisch/eben von gemeldtem termin sollen angefan
gen werden/mit fleissiger betrachtung der bedeutenden
zeichen vnnd figuren so zwüschen die zahlen gesetzt wer
den/vnnd die vnderschiedlichen zeiten aller geschichten
klärlich vorbilden/vnd dieß alles auff einer seiten/in wel
cher 8 Grypßwaldisch fisch den heringe durchauß gleich
ist. Aber auff der andern seiten dieses fisches zeigen die
character vnd zeichen an den lauff der vberigen zeit/biß
der Satan aufgelößt/vnnd der Gog vnnd Magog zum
letzten außzeucht: vnnd dies alles der Schrifft durchauß
gemeß.Da auch mit den noten vnd bedeutenden zeichen
das gericht des thiers vnnd deß falschen zweyhörnigen
Propheten gleich als mit dem finger gezeiget wirt. Als
ich nun merckt/daß diese ding alle mit sich selbst/vnd mit
H.Schrifft schnurrichtig vberein stimmen/hab ich mich
nicht wenig darüber entsetzt/vnnd hab derwegen Gott
gedancket/der mir als der ich nichts anders denn staub
vnd äschen bin/dieß geheimnis geoffenbaret hat. Diß ist
die summ der gantzen history.

Was nun mein vorhaben anlangt/hab ich gentzlich
vermeint/ich solle das pfund/so mir von Gott vertrau
wet/auff wucher außleychen/damit ich nicht mit dem
saumschligen vnd bösen knecht/von wegen des vergra
benen pfunds/dem Herren schwere rechenschafft geben

B ij

müßte. Derhalben ich mich vnderwunden / die zween he=
ring vnnd den Grypßwaldischen fisch außzulegen / nicht
zwar daß ich vermeinte / die H. Schrifft bedörffe dieses
zeugnis / oder daß mir von nöten wer mein zeitrechnung
mit diesen fischen zezieren / vorauß in erklerung solcher
dingen / die / wenn gleich keine fisch nie weren gesehen wor
den / auff die zeugnis der Schrifft gegründet seind: Son
der viel mehr darumb / weil ich darfür hielt / es wolte mir
nicht gebüren die sach / so mir wider alles verhoffen geof=
fenbaret / zuverschweigen / wo ich anders gegen der Gött
lichen maiestet nicht wolte mich versündigen. Denn bey
dem Propheten Ezechiel cap. 33. trewet Gott mit solchen
worten: Wenn ich ein schwerdt vber das land führen wurde / vñ
das volck im land neme ein man vnder jhnen / vnd machten jhn zu
jhrem wechter / vnnd er sehe das schwerdt kommen vber das land /
vnnd bliese die Drometen vnd warnete das volck / wer nun der
Drometen hall höret / vnd wolt sich nicht warnen lassen / desselben
blut sey auff seinem haubt / dann er hat der Drometen hall ge=
hört / vnd hat sich dennoch nicht warnen lassen / darumb sey sein
blüt auff jhm. Wer sich aber warnen laßt / der wirt sein leben dar=
von bringen. Wo aber der wechter sehe das schwerdt kommen /
vnd die Drometen nicht bliese / noch sein volck warnete / vnnd
das schwerdt keme vnd neme soliche weg / die selben wurden wol
vmb jhrer sünden willen hinweg genomen werden / aber jhr blüt
wil ich von deß wechters hand fordern. Was hie geredt wirt
von der burgerlichen wacht / das zeucht der Herr auff
die geistlich / vnd spricht: Vnd nun du menschen kind ich hab
dich zu einem wechter gesetzt vber das hauß Israel / wenn du et=
was auß meinem mund hörst / daß du sie meinet wegen warnen
solt. Es ist aber / aussert allem zweiffel / was hie dem Pro=
pheten gesagt wirt / zu allen trewen Dienern Christi ge=
redt / so fern wir alle an das geschrieben wort / vnd die ehr
ligkeit des glaubens gebunden werden / daß wir die war
nungen

nungen vnd außlegungen nicht anderswo her nemmen.
Was vermeinen wir denn/daß wir zu dieser zeit thun
len/da wir das schwerdt des leibs vnnd der seelen in ge=
meinzugewarten haben? Sollen wir wie die stummen
hund vnd schlaffenden wächter schweygen? Wollen wir
entsitzen der menschen vrtheil/daß wir nicht darfür ge=
halten werden/als wenn wir wie andere phantasten vns
seltzame ding einbilden vnd traumen lassen? Oder wol=
len wir es darfür halten/daß es vnsers beruffs nicht sey/
so weit von vns glegne leute warne? Jch zwar wird mich
nicht/ vngeachtet alles schadens/ von dem rechten weg
vnd vorhaben lassen abwendig machen/oder als wenn ich
mein ampt nicht außgerichtet/anklagen: Wiewol ich mir
selbs nichts zumiß/noch mich bsonderbarer offenbarun=
gen rühme. Dann ich zeig allein hie an meine mutma ssun
gen/von den mahl vnd zahlzeichen diser fischen. Die sach
aber an jhr selbst/beschreib vnd bestettige ich mit heiliger
Schrifft/dero ansehen vnd zeugnus ich allein achte. Es
ist aber der Schrifft nicht zuwider/daß zu jhro kommen
auch eusserliche zeichen / vnnd wunder der natur/als da
die weysen auß Morgenland der newe stern auß Orient
zum newgebornen König der Juden/namlich zu Chri=
sto/gekeyret hat. So hat auch der Herr selbst Luc. 21 v. 25.
vorgesagt / es werden zeichen seyn an der Sonnen / am
Mon/an den sternen/vnd werde den leuten bang werden
auff erden/das Meer vnd die wellen werden brausen/vñ
die leut werden verschmachten vor forcht vnd wartung
deß jamers/so vber den erdboden ergehen werde. Was
solt denn darvor seyn/ denn das von dem Herren him=
mels erden vnd des meers auch durch stumme fisch eben
das vns werde zuvor vermeldet/was das Thier/ welches
auß dem abgrund deß meers auffsteigt/wider die reynen
Lehrer/vnd wider die gantz Kirchen verrichten wirdt/

B iij

weyl Christus nicht allein in den Propheten/sonder auch
in dem gantzen leib der Kirchē/auff den gassen der gros
sen Statt/welche geistlicher weise Sodoma vnd Egyp=
ten genennt wirt/gelitten hat/Apoc.11.v.8.Dieser dingen
aller prophecey oder außlegung/so auß dem brunnen D.
Schrifft genommen/sollen wir nicht verachten / vnd die=
se gab der prophecey nicht außlöschen / sonder alle ding
an den rechten goldstein streichen/vnd was gut ist behal
ten.Denn zum theil wüssen wir/zum theil weyssagen wir
ietzt/vn sehen ietzt durch ein spiegel in einem duncklen
wort.Ich zwar erkenne/daß ich als der geringest auß dem
volck zu einem Wächter in der Kirchen gesetzt bin/vnnd
bin mir selbs meiner schwachheit vnd vnwirdigkeit wol
bewüßt:jedoch kan vnd sol ich nicht vnderlassen/anzuzei
gen den gmeinen vndergang der Christenheit/ vnnd je=
derman fleissig zuwarnen. Derhalben ihr lieben Teut=
schen / bitt ich euch auff das aller trungelichist/ daß ihr/
was ihr auß der H.Schrifft vermutlich oder notwendig
klich gezogen/hie höret/verstehet/vn in euweren gewüs=
sen vberzenget werden/darfür haltet/daß ihr nicht mei=
nen / sonder Gottes warnungen glaubet. Mir gilt es
gleich viel/was dieser oder jener von mir rede oder vrthei
le.Denn ich such hie nicht meine/sonder Gottes ehre/vnd
das heyl der Kirchen: deß ich Gott den hertzkündiger/
den brunnen alles guten/ das ewig liecht aller liechteren
zum zeugen hab.Dies alles hab ich in dieser Vorrede wol
len vermelden / nicht so wol wegen der viel gedachten fi=
schen/als ander grosser sachen halber/ die ich mit Gottes
hilff zn seiner zeit an tag geben wird. Ich hab aber euch/
die ihr gegen Mitternacht wohnen/ fürnemlich hie söl=
len ansprechen/welche Gott vor andern mit diesen wun=
derbaren fischen heimzusuchen gewürdiget hat: mit de=
nen wir alle ernstlich zu ernstlicher busse gewarnet wer=
den/das

ven/damit wir mit wahrem seufftzen betrachten vnd bit-
ten / was der hochberümbt mann vnnd sonderlich liecht
Teutschen Landes Philippus Melanchthon offt gesprochen hat:

Der abend kompt/bleib Christ allein
Bey vns/erhalt deines liechtes schein.

Der Herr sey mit euch lieben Brüder /besseret euch / vnd
verrichtet/ wie es die noht vnd zeit erfordert / ewer ampt
mit aller dapfferkeit.   In Zürych den 30. tag Christmo-
nats/im jar vnsers Herren Christi 1596.

Ewer mitknecht im Herren
Raphuel Eglinus Iconius
von Zürych/Diener deß
Worts Gottes daselbst.

III

Newe vnd seltzame Meerwunderische

Prophecey/von Raphaele Eglino Iconio außgelegt.

ICH hab mir fürgenommen außzulegen vnnd zu erkleren die zween hering/ welche in gantzem Dennmarck vnd Norwegen auff einem gemeinen vnd jerlichen fischung allein deß vergangnen 1587 jars den 20. tag Wintermonats gefangen worden. Deßgleichen auch den newlich von Martin Hausatel in Pommern zu Gripshwalden anno 1596. den 21. tag Meyen gefangnen fisch. Derhalben ich in der vorrede an den leser die gantz histery der selbigen erzehlt/ vnd jegunt er ihre abcontrafeetung hievorhergesetzt: weyl ich in die außlegung selbst allein die character vnd zahlzeichen gestelt hab. Dieser dreyen meerfischen zahl zeichen vnd character/mit welchen sie an ihren seyten wunderbarlich von Gott gezeichnet sind/wollen wir ziehen auff die zeitrechnung Danielis vnd der Offenbarung Johannis: in welchen die weyssagungen von dem zustand der Kirchen vnder der vierdten Monarchey heyter vnd klar angezeigt werden. Den verstand aber vnd außlegung wöllen wir nemmen auß vergleychung der gheymnussen/die in H. Schrifft verzeichnet sind. Denn ein yede außlegung/ so der H. Schrifft nicht gemeß ist/vnnd auß der selbigen nicht bestettiget wirdt/ die wirt eben so leicht verweissen/als leicht sie auff die ban gebracht wirt. Ich wil aber diese gantze handlung in zwey stuck abtheylen. Erstlich wil ich die außrechnung vnd summ der gantzen zeit/mit der vnsere fisch vber ein kommen/ auß Daniele vnd der Offenbarung verzeichnen/weyl das fundament/ wie die natur selbst lehret/vor dem bauw/ sol gelegt werden. Demnach wil ich die drey fisch nach ihren characteren/zahl vnd bedeutungs zeichen auff die furnemisten zeite/die in H. Schrifft angedeutet vn außgetruckt werden/ziehe. Wo vber diß jemand außführliche vnd grundtlichere zeitrechnung begerte/weyl dies hieher nicht gehört/ der mag andere meine hiervon geschriebne bücher lesen/die ich hernach mit Gottes hulff an das liecht geben wird/vnder welchen diese die furnembsten sind. 1. Die prophecey der sibentzig wochen Daniels. 2. Die zeitrechnung der Offenbarung mit Daniele verglichen. 3. Die ordnung der gesichten vnd aller Capiteln der gantzen Offenbarung. 4. Die ordnung der prophecey Daniels. 5. Die posaunen des siebenden Engels/oder die vervolkommung deß gheimnis der ersten aufferstehung/ vnd bekeertungs Israelis. 6. Endtlich ein außführliche erklerung der gantzen Offenbarung.

So viel nun die gelegenheit der zeit antrifft/auß deren alle unsere zeitrech nung genommen wirt/muß die selbig nach anleitung des Propheten Danie lis/von der zerstörung der statt Jerusalem/so under Tito des Vespasiani soh geschehen/angehebt werden/weil der Engel spricht: Daniel. 12.v.11. Von de zeit an/wenn das täglich opffer abgethan und der grewel der verwüstun dargesetzt wirt/sind tausend zweyhundert und neüntzig tage. Dieß sin wort des Engels/der uns beschreibt und widerholet die zerstörung Jerusalem von deren er geredt Daniel. 9. da er in erklerung der leisten wuchen/nach der er sieben und zwo und sechtzig wuchen erklärt/erstlich in gemein also sprich Und das volck des künfftigen fürsten wirt die statt und das heiligthuml zerstören/und wirt sein ende nemmen in der flut/und wirdt wüst seyn bi zum ende deß streits. Daß nun diese wort von der letzten zerstörung Jerusa lem zu verstehen seyen/kan ein yeder leichtlich abnemmen/weil der Herr Chr stus selbst im Evangelio sie auff die selbig zeucht. Er setzt aber hernach insen derheit hinzu ein besonderbare beschreibung dieser zerstörung und spricht erst lich/so viel den gantzen handel antrifft: Er wirdt den bundt bekrefftigen m vielen in einer wuchen. Durch den bund verstand den newen bund / weyl de alt zu dieser zeit auffgehebt war / nicht allein nach der krafft und würckun (denn solches allbereit durch den todt Christi geschehen) sonder mit der tha selbs/da sein übung und gebrauch in der zerstörung auffgehört / wie der Apo stel spricht: Was veraltet und verjaret ist/das ist nahe bey seinem ende: De nemlich die statt und das heiligthumb vom grund zerstört/nimmermehr wi der gebauwen hat werden söllen / und das Evangelium deß reychs auff di Heyden gebracht worden / da warhafftig der bund vielen bestetiget worden Demnach spricht er besonders: Und mitten in der wuchen wirt das opffe und speißopffer auffhören/ und bey den flügeln der verwüstung ist ein er schrockner/und biß auff die erfüllung und abkürtzung / wirdt trieffen übe den erschrocknen. Hie werden zwey ding / die zu allen theilen an ein anderer hangen/gemeldet. Erstlich daß in mitten der letzten wuchen das immerwärenl opffer und speyßopffer werde auffhören. Demnach daß der flügel der verwü stung/das ist der heertzeug der verwüstenden (verstand der Römern) ein schre cken bringen/und die verkürtzung der verwüstung sich über den erschreckner außgiessen werde. Die halbe zeit aber der letzten wuchen ist verkürtzt : weyl de Jüdisch krieg nicht gewäret hat biß zum ende der halben wuchen (denn sonst wer kein fleisch erhalten worden) sonder hat im ersten halben theil der wuchen sich geendet/und ist in der übrigen zeit der schrecken der verwüstung angan

§Cñ. Derhalben der Engel Danielis am 12.cap.eben diese zeit / da eins theils
das täglich opffer (namlich im ersten halben theyl der wuchen)nicht allein
nach der würckung/sonder mit der that selbst(wie auß dem/das des kriegs vnd
der zerstörung der statt gedacht wirt/zusehen)anders theyls die erschrockne verwüstung domahls eingeführt (neinlich im andern halben theyl der wuchen)
für ein termin eben eines dings/deß theyl an einandern hangen / angezogen
vnd gesetzt hat. Daher dann ferner/das ist / nach beyden halben theylen der geendeten wuchen/tausend zweyhundert neünzig tag gezehlt werden. Dieser termin aber in dem die statt zerstört vnd die verwüstung angefangen vnd verblieben/fahlt nicht wie man bißher ohne grund geglaubt/in das jhar Christi 74.
welches doch andere in das 81.ziehen/sonder eigentlich in das 86.jar der Hebreeren/welches ich augenscheinlich beweisen im letsten theyl meines tractats
von den sibentzig wochen/den ich gestelt/einstheils die Juden zu überweysen/
anders theyls diese auff die gemeine zeitrechnung zuziehen.   Dies setzen wir
hie für ein schluß/welchen wir anderswo mit vnbeweglichen argumenten beweysen. Derhalben wollen wir dies orts fortschreyten/vnnd wollen die vorgeschribne zahl der jahren Danielis am 12.erwegen/die der Engel anhebt von
der zeyt deß abgethanen teglichen opffers vnd der verwüstung / das ist/vom
jahr Christi 86.vnd spriche:Tausend zweyhundert vnd neünzig tage. Das
hie durch die tag die jahr/wie auch in der Offenbarung verstanden werden/
ist nichts news / sonderlich bey Daniele / wie es auch die art Hebreischer
sprach vnd die außrechnung der sibentzig wuchen/dero yede siben jahr / nicht
nun siben tag machet/mitsich bringt. Daß also nothwendiglich diese tausend
zweyhundert vnnd neünzig tag/eben so wol jahr als die sibentzig wochen machen. So hat Daniel auch diesen brauch/daß er die tag / wenn sie nicht nach
den jaren/monaten vnd stunden/für natürliche tag gesetzt werden/oder da man
es auß andern vmbstenden nicht abnemmen kan/mit den worten Abends vnd
Morgens (wie auch im 1.buch Mosis)beschreibt:in massen zusehen auß dem
8.cap.v.14.Darumb erstlich die irren/die diese tag sampt den nachfolgenden
335. mit den zweytausend dreyhundert abenden vnd morgen Danielis vermischen. Demnach auch die jenigen /so diese tag alle auff die zeit der belegerung
vnd zerstörung ziehen/ welches hierauß offenbar/daß der Engel nicht anzeigt
die zeit/ so vor der zerstörung hergangen / auch nicht das halb theyl der wuchen/in deren die zerstörung geschehen ist (welche zeit im 9.cap.beschrieben
wirt)sonder die tag/das ist/die jar/ so auff das abgethane täglich opffer vnnd
auff die verwüstung sind gevolget / vnnd in die selbiger nicht können eynge-

schlossen werdē. Derhalbē so man die tag für jar nim
denen die zerstörung Jerusalē sich geendet hat/ mit so
dert vñ neüntzig tage / dz tausend dreyhūdert vñ seche
Nun spricht d' Engel weiter: Selig ist d' da wartet x
hundert vñ fünff vñ dreissig tage. Dz ist/der nit alle
neüntzig / sond über diese tausend nach hinzu thut drei
also das sampt den 86.jaren / die gantz summ sey / te
eilff. Dann so man es anders erklert/wirt notwendig
volgen.   Denn so m̄ n entweders die gemeldte tau
neüntzig last fallen/vnd an dero stat nimpt tausend i
dreyssig: so machen sie/wenn mans zu den 86. thut/i
vnd 21. jar Christi/in welchem doch die von dem En
jhr ziel noch nicht erreicht hat. Oder so man zu den z
pert/das es dreyhundert seyen / vnd zu den neüntzigen
so machen sie das tausend / fünffhundert vnd eilffte j.
86.jar/von denen der Engel anhebt/mit rechnet. Wel
ist dem Euangelio/so in Teutschland vnd in der Ey
so begreifft sie doch weder die bekerung der Juden / no
der Engel zur seligkeit des wartenden sext/wie aus
vermälden wird/sol offenbar werden.   So ist nun vb
diesen termin behalte/den wir droben gesetzt/nālich vl
dert vnd neüntzig/nach dreyhundert vnd fünff r̄ drei
tausend siebenhundert vñ eilff / oder das man auch die
pel zellen das die sum̄ werde zwey tausend sieben hund
sich viel weiter erstreckt/dann aber die offenbarung Je
chet das die Schriffte wider sich selbst sein müste: wie
than werden.   Derhalben volget das die Seligkeiten
strecke bis auff das tausend / siebenhundert vnd eilfft i
alle die ding/so zur predig der Seligkeit / vnnd zur er
ren/vnd hernach weitläuffiger erklert werden/begreiff
senbarung durch aus vbereynstim̄en. Es ist aber wol
Er wirdt erreychen: damit wir verstehen das das letzt
tausend sieben hundert vnd elfft iahr Chr.sti / nicht so
daher tausend/sieben hundert vnd zehen iahr volkom̄t
sol nun die gantz zeit/die von tausend/zweyhundert vñ
den letzten termin neml.ich auff das tausend siebenhun

verlaufft für selig gerechnet werden/ob gleych die seligkeiten des wartenden/
fürnemlich zurechnen sind nach dem sich die jre neherer gegen dem letzten ter-
min/in welchem alles erfüllt wirdt/was zur ersten ufferstehung dienet.

Wenn aber jemands fraget/was denn grosses mit diesen zweyfachen termin werde bedeüttet? vnd do die tausend zweyhundert vnd neünzig tag von der
zerstörung Jerusalem gerechnet/fallend in das jahr Christi/tausend dreyhun-
dert/sechs vnd siebenzig/was in dieser Jars zeit geschehen sey/ das hie fürnemlich vom Engel verkündiget wirdt/vnnd warumb von dennen die seligkeiten
deß wartenden vnd des der tausend dreyhundert fünff vñ dreissig tag erreycht/
genennt werden/die sich erstrecken auff das tausend/sieben hundert vnd zehend
jahr volkomlich erfüllet? Die antwort ich die seyen blinder als blind / vnd wert
das sie mit immer wärender blindheit geschlagen werden/die das helle liecht so
der welt auffgangen/ vnd die predig der seligkeit nicht erkennen / vnd als ver-
stockte leüt nicht erkennen wöllen. Denn allbereyt zur selbigen zeit hat in En-
geland gelebt Johannes Wickleff/ vorsteher der kirchen zu Lutterwort in dem
Bistumb Lincoln gesetzen/ eyn ertzketzer vnd meister aller jrrthumben/ wañ wir
den Papisten glauben aber wenn wir dem Euangelio vnd der warheit glau-
ben/ein diener Gottes/der zum ersten gelert das die Römisch kirch ein Syna-
gog des teüffels sey/ vnd sie offentlich für eyn solche auß geschreuwen/ vnd also
angfangen den Antichristen mit dem geist des mundes des herren vmbzubrin-
gen/vnd vns widerumb zur H. Schrifft vnd zum Herren Jesu Christo beruffen hat. Denn vor dieser zeit waren alle ding mit dem zeychen deß Thiers (auß
gnomen die kirch)/so in der wüste erneert worden) allenthalben versieglet/in die
sechs hundert sechs vnnd sechzig gantze jahr/ nemlich von dem sieben hundert
vnnd zehent en jahr:von welchem an der Römisch Bischoff als für eyn Gott
auff erden ist angebettet worden/wie solches eynstheyls diese wort an dem saum
des R. Päpstlichen mantels geschribe/ Ego sum Deus terrestris/ das ist/ Ich
bin eyn jrrdischer Gott/ anders theyls die gantz histori der Päpsten bezeugen.
Diesen Wickleff hat Gregorius der eylfft nicht lenger mögen dulden/ sonder
hat in anno 1378. Durch den Ertzbischoff zu Cantuarien vnd den Bischoff zu
Londen gefenglich einzuziehen bevolhen. Wie er denn diß handels halben/ wie
meinigtklichem bewüßt / an künig Richarden eyn brieff geschriben / der dem
martyrbuch einverleibt ist. Darauff seind bald gevolget Johannes Hussen vñ
Hieronymi von Prag der Martyrn Christi zeiten : durch welche / wie auch
durch Wicleffs Schrifften die Euangelisch warheit wider ans liecht gebracht
vnd außgebreytet worden / fürnemlich in Böhemen. Welche zu vnserer zeit

: noch heller in Teütschland/vnd in der Eydgnoschafft ihr haupt erhebt /vnnd
: tieffer eyngewurtzlet hat : daß ich jetz gschweyge/was in Engelland/ Franck-
: reych/in den Nider vñ Mittnächtrischen landen geschehen/biß es endtlich seinen
: lauff vollbringt/welches im schier künfftigen :ausend vnd sechshunderten jahr
  biß auff das sibenhundert geschehen wirt Da der Herr sein Kirch mit dem blut
. der Martyrer wirt fruchtbar machen/vnd das Euangelium durchs creutz wei-
. ter fort pflantzen wirt.Denn auß der Offenbarung wil ich heiter beweisen/das
  einstheils die fülle der Heyden werde eingehen / wenn man die erwünschte zeit
  der ersten aufferstehung erreichen wirt/in den tagen deß sibenden posaunenden
  Engels/wenn die Reich der welt Christi reich seyn werden Apoc.11 v.15.vnnd
  cap.20.v.6.anderstheils /. daß alsdenn die zerstreuung deß volcks Gottes
  auffhören/vnd daß die Juden noch einer/vnd noch zweyen/vnd nach einer hal
• ben zeit(welches sind die tausend/zweyhundert: vñ sechtzig tag/oder jar/die dem
  weib/so in der wüste ernteret wirt/vnd den zweyen zeugen gegeben sind/so lang/
  der außgeschlossne vorhof vnnd die statt Jerusalem mit füssen getretten werden
  von den Heyden)widerumb söllen bekehrt werden/   Daniel.12 v.7.Apoc.10.v.
- 7.11 v.3.12. v.6.vnd 16. Wenn die Kirch auß dem tod der frommen den sieg er-
  langen/vnd nach aufferweckung der zweyen zeugen widerumb grünen wirt.
  Welche zween zeügen/nach dem sie das zeugniß jhrer prophecey vollendet/vn-
  ter der Tyranney vnd blutvergiessen deß thiers vnd der huren sein werden/biß
  sie über jhre feinde nach vierdthalben tagen/ein herrlichen triumph halten/das
  thier aber vnd der falsch Prophet lebendig in das fewr geworffen/vnd die vberigen mit dem schwerdt getödet werden.Diese ding werden wären biß auff den
  krieg mit Gog vnd Magog/das ist/biß in das tausend sibenhundert vñ zehend
  jahr/Apoc.20.v 8. Welches alles in den zweyen heringen/vnd in dem Gryps-
  waldischen fisch/klar außgetruckt wirt/wie in der zeitrechnung vnd den weissa-
  gungen der Offenbarung vnd Danielis beschrieben : in massen wir hernach
  darthun werden.
      Wenn wir nun den termin vnd die zeit der seligkeiten / vom jahr Christi
  tausend/dreyhundert/siebentzig vnd sechs anheben/vnnd sie erstrecken biß auff
  das tausend/siebenhundert vnd zehende jahr/wie der Engel Dan.12. vns dies
  in die hende gibt(dañ damaln das Euangelium angfangen widerumb auffzu-
  kommen/vnd der Antichrist getödt zuwerden)so sage ich daß der stand der vorgehenden zeit ein trauriger vnnd leidlicher stand sein müsse. Denn so der hell
  : vnd heilsam tag der welt angebrochen ist/welcher ist nach der zerstörung Jeru-
  ,salem der tausend/zweyhundert/vnd neüntzigst/das ist/das tausend / dreyhun-

dert sechs vnd siebenzigst jahr Christi vnsers Heilands/in welchem der termin
der schligkeiten außgetruckt wirt/ do das Euangelium der welt widerumb offentlich geprediget worden/vnnd der Antichrist angefangen vmbgebracht zu-
werden/so müssen wir nothwendig das zeichen des Thiers/ mit dem alle ding
durch den falschen Propheten/oder durch das zweyhörnig thier/das ist durch
den Antichristen versieglet worden/in der vorgehenden zeit suchen. Wenn ich
sagen Alle ding/behalt ich vor die Kirch/so in der wüste erneert worden / welche wie sie zu andern zeiten scheinbarer gewesen/vnd zum wenigisten allwegen
zween propheten oder zeügen hat/von denen sie in der wüste gelehrt wirt/welche
gnugsam sind Christo zeugnis zugeben: also ist sie fürnemlich zur zeit des zei-
chens des Ethiers/verborgen gewesen/gleich als ein körnlein vnder dem spre-
wer/vnnd ist / wie jhener vatter recht gesprochen / als der Monde verdinckler
worden. So wirt nun die zeit/in dero das zeichen deß thiers den kleinen vnnd
grossen/den reichen vnd armen auffgetruckt ist / vnd da das bilde des Thiers
durch zwang deß falschen Propheten/welcher ist das zweyhörnig Thier/ das
dem Lamb gleich sicht/verehret vnd gestärckt worden / beschrieben/ sechshundert sechs vnd sechzig/Apoc. 13.v.18. Sie wirt aber genennt die zahl eines men-
schen/eben in dem verstand/wie Apocal. 22. das meß eines menschen genennt
wirt/das der Engel braucht/das ist/welches vnder den menschen gebreüchlich
ist.Darauß kan verstanden werden/das sechshundert/sechs vnd sechzig jahr/
an einander/in dem reich des Thiers/mit welches zeichen vnd siegel alle ding
dergestalt versieglet gewesen / das sich offentlich niemant dorfft wider des Antichristen Seul setzen/beschrieben werden. So man nun von den eyn tausent
dreyhundert/siebenzig vnd sechs iahren die gemeldte sechshundert sechzig vñ
sechs iahr abzeucht / so bleiben von Christi geburt noch vberig sieben hundert
vñ zehen iahr. Hie ist der thron des Thiers in seinen hohen federn gewesen/Va
sein haupt/das kurz zu vor in Occident von den Gotten vnd Hunnen mit dem
schwert verwundet/ durch das zweyhörnig Thier/ das ist durch den Antichri-
sten/widerumb geheylet/vnd eyn gleich regement vñ Tyranney in der verwal-
tung der Kirchen angestellt/ wie sie durch das Thier selbst wider die Kirch
geübt worden. Aber von dem Drachen vñ dem Heydnischen reich/ stehet in der
offenbarung Cap.12.vers.2.er habe sein krafft/thron vnd grossen gewalt dem ze-
henhörnigen thier vbergeben/welches zwahr sein anfang genommen / als diß
Thier entstanden/ aber do erst voll zogen worden/nicht alleyn in Occident/son-
der auch in Orient/als die zween irrdische süß des Occidents vñ Orients genz-
lich gestärckt/ vñ der Machomet in Orient angehebt zu regieren/ vñ in Occi-

dem das Thier so von der erden auffgestigen / oder der falsch prophet das vn
wunder haubt des Thiers widerumb geheylet/vñ sein bild ernewert hat. Den
nach dem der drach das ist das Heydenthumb/ vom himmel herab geworffen
Das ist geschwecht vñ gesturtzt / welch s im iahr Christi dreyhundert sechs v
siebentzig volkommen geschehen ist / Da hat der drach nachmahlen den wass
strom gegen dem Weib auffgeschüttet/Apoc.12. vers.13.15.17. vnd hat wider de
vberbliebnen saamen der kirchē krieg gesührt vers.17. Daher von beiden stehe
vnd sie haben den drachen angebettet/ der dem Thier gewalt gegeben / vn
sie haben dz Thier angebettet vnnd gesprochen: wer ist dem Thier gleich
Wer mag wider ihns streiten ? Weil sie nemlich da der drach noch auff ert
das Weib verfolget/beide mit einander geregiert haben. Da aber der groß ab
ssahl zugleich vom Römischen Reich vñ von der wahren Religion durch de
Machomet vnd Antichristen beschehen (der zwar zway hörner hat / wie da
lamb/aber redet wie der drach) ist zu dieser zeit das zehen hörnig Thier zu sei
ner Höchsten macht/so wol in Orient a s in Occident komen / wie alle histo
rien zeugen (da nun die Keyserischen zeinrechnungen auff die zerstöhrung Je
rusalem gezogen werden) namlich eben im siebenhundert vñ zehende iahr/ vor
dem an alles mit dem zeychen des Thiers, durch das zweyhörnig Thier versig
let werden/welches nun heißt das sewer vom himel komen / das ist durch der
falschen propheten vnd den falschen Heltam. Vnd hat damalen der rachen de
Lewen/die süsse des Bären/ vnnd das Parder thier im zehen hörnigen thier d
der gegend Babylone/Personedien vnd Griechenland angefangen zu regie
ren/welche ort vnd sitz der vorigen monarchien/weil sie diesen thieren zugeschr
ben werden/bilden sie an das Mahumetisch reich/vnd das klein hörnlin Dan
7. Welches ihme die drey hörner vnderwirfft. Zu diser zeit hat der Satan auf
erden erlanget/was er gewolt. Damit er aber nicht weiter fortschritte auch di
reiche/so das Römisch nicht angehören / vnnd den zehen hörnern nit nichter
vnderthenig sind/zu erwecken/daß sie die Kirchen gentzlich verderben/ da ist e
gefangen vnd in abgrund gebunden worden tausend jahr/Apoc 20 v.2. Deñ
vorhin hat er die Kirch noch beleidiget/vnd hat den dritten theil der sternen mi
seinem schwantz vom himmel geworffen. Als er aber sein gewalt dem Thier vn
dem falschen propheten gentzlich eingeraumpt/hat er kein platz noch statt meh
gehabt/biß er noch tausend jahren auß seiner gefengnuß wider erlediget wirdt
daß er die Heyden verführe in den vier enden der erden. Derhalben so der S
tan/wie gemeldet/im siebenhundert vnnd zehenden jahr gebunden worden ist
wie wir auß der gantzen ordnung der Offenbarung erweisen wöllen/ wirt er in
tausend sibenhundert vnd zehenden jahr wit er loß werden/wenn man die tau
send jah

send jar eigentlich nach dem buchstaben verstehet. Denn die da fürgeben / daß
hie ein gewisse zahl für ein vngewisse gesetzt werde / die sind jhrer sachen selb vn-
gewiß / vnd sollen billich mit vns allhie ein gewisse zahl verstehen vnd erkennen.
Nach den tausend jaren muß der Satan noch ein kleine zeit bleiben: welches
er domals allbereit gemerckt / als er vom himmel herab gestürzt worden / da er
verstanden / daß diese zeit / aber doch kurz / noch vbrig sey / in dero er (gleichwol
vmbsonst) vnderstehn wurde / sein haupt widerumb in himmel zu erheben. Diese kleine vnd kurze zeit ist in H. Schrifft nicht vmbcirckelt / oder außgezielet / dahin der Euangelist vermutlich auch gesehen / als er die letzte stund so fleissig
treibt: ob gleich weder die stunde / noch der tage / noch der monat / noch das jar /
in denen der Herr kommen wirt / vns bewußt oder offenbar ist. Denn wir dörffen wol die ding / die in H. Schrifft außgetruckt sind / vermelden / vnd mit dem
Apostel sprechen Der tag deß Herren werdt nicht kommen / biß daß diese ding
erfüllt werden / 2 Thess 2 v 3. Aber hergegen wenn gleich diese oder jhene ding
erfüllt sind / so dörffen oder können wir darumb nicht sagen / Yetzund / oder bald /
in dieser oder jhener stund / auff diesen tag / in disem monat oder jar / werde der
tag des Herren kommen / weil er vnuersehenlich kommen wirt / vnd allen menschen vnbewußt bleibt.

Daß aber in der Offenbarung am 19. cap v. 20 vnd am 20 v 10. stehet / das
Thier vnd der falsch prophet seyen lebendig in das fewer geworffen / vnd darzu gesetzt wirt / der Satan sol auch dahin geworffen werden / da nemlich das
Thier vnd der falsch prophet sind / erscheint auß vergleichung beider dieser ör-
ter / vnd auß der sach selbst / daß das thier vnd der falsch prophet / sollen in den
fewerigen pful geworffen werden / ehe der Satan auffgelöset wirt. Denn so die
rach vnd straff an dem thier / vnd an dem falschen propheten erfülle ist / alsdenn wirt vollbracht die erst aufferstehung / nach dem die zween zeugen Christi
schon aufferweckt / Apocal 11. v. 11. vnnd werden da regieren die Priester vnnd
König Christi / die theil haben an der ersten aufferstehung / vnd dies auff erden /
biß die vorgenennten tausend jar / in denen der Satan gebunden ist / gentzlich
sich verlauffen werden / Apoc. 20 v 6. 7. vnd Apoc. 5. v. 10. Ja auch da der falsch
Prophet vnd das thier in das fewer geworffen werden / da werden an jhr statt
auffstehen drey vnreine fröschen geister / deß Satans vorbotten / so außgehen
zu den Königen der erden vnd der gantzen welt / daß sie dieselbigen versamlen
zum streit deß grossen tags / Apoc. 16. v. 17. biß der Satan / nach dem er loß worden / die Heyden namlich den Gog vnnd Magog / in den vier enden der erden
verführen wirt / vnd Christus der Herr vom himmel erscheinen / vnd die so Gott

D

nicht kennen/vnnd dem Evangelio nicht gehorchen/mit fewerflammten heyn
suchen vnd richten wirdt. darauß zusehen das die verdammuß des Thiers vn
des falschen propheten / werde der aufflösung vnnd verdammuß des Satan
vorgehen. Denn die erst aufferstehung (in deren die vbrigen nicht auffe
stehen werden) erstreckt sich biß zu end der tausend iahren / da der Satan s
auffgelößt werden/ das ist (wie gesagt) biß in das iahr Christi ein tausent/ si
benhundert vnd zehen Apoc.20.vers 5. Die letzte vnd allgemeyne aufferstehun
aber aller menschen welches ist die aufferstehung des leibs / wirt erst härnoc
kommen. Die erst aufferstehung aber heben an die zween zeugen Christi / we
che sind Moses vnd Helias im Geist wie wir an seinem ort lehren / die nac
dreyen vnd einem halben tag aufferstehen werden / noch dem sie getödet wo
den/ wenn sie/nach vollendüg jhres zeügnuß von dem Thier/das vom abgru
aufffteigt/ getödet/ vnd auff den gassen der grossen statt liegen werden Apoc.1
vers.8. Als den wirdt auch an dem leib der kirchen erfullt werden / was Mose
vnd Helias / als sie auff den berg Thabor in der verklärung Christi herab kom
men / dem haubt vorgesagt von seinem außgang auß Jerusalem : dahin auc
wir aussert die statt gehen müssen vnd sein schmach tragen. Die stül aber sin
herfür getragen vnnd das gericht ist den Heyligen gegeben / da nemlich Go
ihr blut von der hand des Thiers vnnd des falschen propheten forderen wir
Apoc.20.vers.4.19.vers.2.vnd 20.1.et vers.8.17.vers.16.15.vers.2.11.vers 13. S
muß auch die zeyt der dreyen fröschen (welche das vberbliebene des Antichri
stenthumbs sind/ vnd in der zukunfft Christi gentzlich sollen vertilget werden
die da zeichen thun werden / sich verlauffen zwischen der verdammuß der hure
vnd des Thiers/biß der Satan der da ist die süß solen der vierdten monarchey
endtlich auffgelöset vnd hernach volget wirdt. Den diese drey vnreyne ge
ster/ wen das Thier vn der prophetin dz fewer geworffen/ vn der Teuffel nach
gebunden ist/ die vertretten ihre lucken/ biß die schlang erlediget wirdt. Den
wie der gebundene Satan in dem Thier vn falschen propheten iezund regiert
also wen diese außgereitet werdë/ werden ihre geister/ neben deß Satans geist
als wegweysser außgehen/ vnd dem Satan den weg bereyten die künig der er
den zu verführen/ vn solches fürnemlich gegen Orient / da auch der Euphra
soll auß getrocknet werden. Apoc. 16. vers.12. Derhalben wirdt das reich de
Thiers vn falschen propheten / nicht allein auffhören ehe der Satan ledig wir
sonder wirdt auch so lang zuvor auffhören / das nach vollendung des zeügnus
der propheten/ vnd des gewalts des Thiers/ ein zimliche zeit vberig sey/in der
die drey vnreyne verführende geyster außgehen vnnd an statt des verdamte
                                                                        Thier

Thiers vñ der huren/vñ des nachmahlen gebundnen Satans herum streicht.
Von denen Christus furnemlich geweissagt/ Matth.24.vers.24. Deñ es wer=
den aufferstehen falsche Christi vnd falsche propheten / vnnd werden grosse
zeychen vnd wunder thun / also das sie auch wo es müglich wer / die ausser=
wehlten verführeten: Sihe ich hab es euch vorgesagt. Es stehet aber Apoc.
11.vers.17. Die zween zeugen Christi werden vom Thier/nach vollendetem jhre
zeügnuß/getödet werden. Vnder dem namen der zeugen verstehen wir zwahr
alle trewe diener Christi/die Christo/ampts vnd pflicht halber/zeügnuß geben:
auß welchē zween gnugsam sind/ wie geschrieben stehet: In dem munde zweyer
oder dreyer zeügen bestehet alle warheyt/Deutero.19.vers.15.2.Cor.13.vers.1.
Daher auch der Herr ie zween vnd zween Jünger außgesandt hat. Jedoch
sind auß diesen zeugen die furnemlich zuverstehen / die die kirch in der wüste
weyden/ von denen die kirch widerumb/ nach dem der vsser Chor oder vorhoff
des tempels hinauß geworffen/muß gemessen werden Apocal.11.vers.2.3.vnnd
vnder diesen werden furnemlich die zween letsten genennt / welche eben zu der
zeit/ da das Thier wird auffhören zuhandlen/sollen getödt werdē/ die dem fal=
schen propheten vñ der huren so auff dem Thier sitzt/ entgegen gesetzt sind/ wel=
cher leyb drey vnd ein halben tag auff der gassen der grossen statt liegen werden:
vber welcher todt die völcker sich vnder ein anderen frewen/ vñ vnder sich gabē
schicken werden weil sie mit jhrer predigt/die einwohner der erden gequelet ha=
ben. Sey werden aber weissagen tausend/ zweyhundert vnd sechtzig tag/ ange=
logen mit secken / weil nemlich die kirch in die wüste verjagt worden. Apoc.11.
vers.3. so lang sich erstreckt der gewalt des Thiers / nemlich zween vñ viertzig
monat/ welche machen tausent zweyhundert vñ sechtzig iahr / den monat für
dreyssig tage/ vnd den tag für ein iahr gerechnet : So lang/werden auch wie
die Schrifft meldet / die Heyden die heilige statt das ist die Juden nach dem
fleisch zertretten von der zeit an / da die kirch widerumb gemessen ist. Denn die
Juden sind der vsser chor von der kirchen außgeschlossen: welche kirch durch
den gemessnen tempel vnnd altar/vnnd die im innern Chor anbetten/bedeutet
wirt/Apoc.11.v.2. Weil der Apostel spricht Heb.13.v.10. Wir haben einen Al=
tar/ davon nicht macht haben zu essen/die der hütten pflegen. Er redet aber
hie von Christo Von gemeldter weissagung redet auch Christus Luc.21.24. da
er von Jerusalē vñ den Judē nach der prophecey Danielis am 12.Cap.spricht:
vnd sie werden fallen von der scharpffe deß schwerts vnd werden gefangē
hinweg geführt werden vnder die Heyden.vnd setzt hinzu:Jerusalem wird
geschleipfft werden/biß die zeiten der Heyden erfülle werdē. Diß alles aber

zeucht der Apostel an die Römer auff die fülle der Heyden/die da sol eingeher
an welche er henge die auffnemmung der Juden nach dem fleysch/weil er am 1
cap. v. 25. mit außgetruckten worten solches nennt / das leben von den todte
Dann wie wir durch den tod Christi versühnet sind/vñ jetzund durch sein lebe
viel mehr erhalten werden/also wird das leben / nach dem allgemeynen tame
der kirchen/als dem todt/ wenn das volck Gottes auffgenommen wird / gleic
als von den todten der kirchen widerumb gegeben/ auff das die frewde deß He
ren vollkomen sey. Aber von dem gebärende weib/welches die kirch ist/nach) de
sy eyn knäblin geboren/ das alle Heyden regieren wirde/ das ist/ nach dem da
Heydenthumb außgerüttet/ vnd das Christenthumb angerichtet/stehet sie se
in die wüste geflohen / da ihr ein ert von Gott bereytet/ das sie da geweyde
werde/tausent zweyhundert/vñ sechzig tag. Wer wird sie aber weyden? Eben
die so tausent zweyhundert vñ sechzig tag wissagen werden. Wie hernach der
weib als sie zween flügel eines grossen Adlers genomen (welcher sie beyerste
wider die schlang so vom himel herab gestürtzt) in die wüste geflohen ist / vo
dem angsicht der schlange. Sie ist aber geflohen an ihr ert/da sie ernert wird
eyne zeit/zwo zeiten vñ ein halbe zeit Apoc. 12 v. 14. Daniel aber lehrt heyter/
das nach einer zeit/zwo zeiten vñ einer halben zeit (welches sind tausent zwey
hundert vñ sechzig jahr/wie bald hernach sol dargethan werden) die zerstre
wung der hand/das ist / der menge deß Heyligen volcks / das ist des gantzer
Israels sölle vollendet werden. Welches der Engel Apoc. 11. v. 7. nennt das geheymnuß der weissagung / welches in den tagen des siebenden posaunenden
Engels solle zum ende gebracht werden. Denn es wird kein zeit mehr sein/das
ist/dise zeit wirdt nicht weiter auffgezogen werden. Auß welchem allem leichtlich kan abgenomen werden/ das die tausend zwey hundert vñ sechzig tag der
zweyen zeugen Christi/item der kirchen/ die in der wüste ernert wirdt wie auch
die zween vñ viertzig monat des Thiers von der zeit/da der drack vom himel gestürtzt an zuheben/ vñ vor auflösung des Satans zu enden seyen / welches der
furnemste zweck ist/darauff die außlegung der zischen gerichtet.
　　Auff solches wöllen wir weyter erwegen/ den zustand so wol der kirchen / als
der zweyen zeugen Christi / die von der zeit an/ do das weib in die wüste geflo-
chen tausent zwey hundert vñ sechzig tag weissage/wie auch des thiers/welches
eben zur er zeit entstehet vnd regiert zween vñ viertzig monat. Denn so lang ist
ihme gewalt gegeben zu thun. Die zeit so vom Engel Danielis 12. ernennt/
fallt/ wie gesagt/ in das tausend dreyhundert sechs vñ siebentzigst jahr /als die
warheyt herfur zubrechen/ vñ der Antichrist durch den munde des herren vmb
gebracht

gebꝛacht zu werden angefangen. Wenn man nun die tauſend/zweyhundert vñ
ſechzig tag / in denen die zween propheten werden weyſſagen/ eintweders voꝛ
oder nach dieſer zeit aller dings ſetzet / ſo wirt zu beiden theilen etwas vnge-
reimpts erfolgen. Denn ſo ſie zuvoꝛ geſetzt werden/vnd ſo man ſie von der ſum̃
tauſend/dꝛeyhundert/ſiebenhundert vnnd ſechs abzeucht/ſo were allbereit alles er-
fullet: dem aber die erfarung zuwider/vnd deſſen wir noch erwarten. Wenn ſie
aber alle nach dieſer zeit geſetzt / vnnd zu der ſumm der tauſend/ dꝛeyhundert/
ſechs vnd ſiebenzigen gethan werden / ſo machen ſie das zweytauſend ſechshundert vnd ſechs vnd dꝛeyſſigſte jar. Da aber die zeit in dero der Satan ſol
auffgelöſt werden ſich nicht vber das tauſend/ſibenhundert vnd zehend jar er
ſtreckt/voꝛ welchem das thier mit fewer verbꝛennt/vnd die propheten nach vol
lendung jhres zeugnis getödet werden müſſen. Derhalbē machte die rechnung
in dero tauſend zweyhundert vñ ſechzig tag/zu den tauſend dꝛeyhundert ſechs
vnd ſiebenzig gethan werden/die H Schꝛifft jhꝛo ſelbſt zuwider Auß welcher
vꝛſach wir nothalben ein ſolchen anfang vnd außgang der pꝛophetiſchen tagen ſuchen müſſen/die mit ſich ſelbſt nicht ſtrettig/ vnnd mit dem weib das in
der wüſte ernert woꝛden/vberein ſtimme. Da denn auß der beſchꝛeibung der
gleichen zeit/vnd auß der regierūg deß thiers durch die zween vñ vierzig mo
nat erſcheint/das es alſo zu rechnen: daß die tauſend jar von dem termin/ den
der Engel ſetzt / oder von der zeit Wicklefs zuruck gerechnet müſſen werden:
Welche ſo man ſie abzeucht/bleiben dꝛeyhundert ſechs vnd ſiebenzig: welches die zeit iſt in dero das thier entſtanden/vnd das weib in die wüſte verjagt
iſt/vnd alſo die prophecey vnd zeugnis widerumb hat ſöllen angehen: wie auß
dem 10. cap v.11 der Offenbarung zuſehen. Die vberigen zweyhundert vnnd
ſechzig jar aber ſöllen auß den tauſend zweyhundert vnd ſechzig jaren/ darin
nen ſol geweiſſaget werden/zu dem termin deß Engels gethan werden. Derhalben ſo man zu den tauſend dꝛeyhundert ſechs vnd ſiebenzig jaren thut/zwey
hundert vnd ſechzig/erwachſen hierauß tauſend ſechshundert vnd ſechs vnnd
dꝛeyſſig:welches das ende vnnd der außgang iſt deß pꝛophetiſchen zeugnis / ſo
man die jar völliglich rechnet/darauß ſicht man/daß vnder Conſtantino dem
groſſen/welcher der getrönt vnd ſighafft ritter iſt/ deß gedacht wirt in der Offenbarung cap.6 v.2.der Teuffel vom himmel geworffen/vnnd vnder die füſſe
der Kirchen geträtten/wie der Apoſtel weiſſaget Rom.16. v.20. da das Heydenthumb auffgehöꝛt. Nach welcher zeit alſo bald das weib oder die Kirch/in
die wüſte verjagt vom Dꝛachen/der den waſſerſtrom wider ſie durch die Arria-
uer geſchoſſen Zur ſelbigen zeit hat das Römiſch reych auch ein ander weſen

gewunnen/da der Orient vom Occident getheilt worden. Daher das zehen
hörnig thier/welches zehen kronen hat/entſtanden/vnd vorauß gegen Orien
gegrünet hat.Denn in Occident iſt ſein haubt von den Gotten vnd Hunnen
mit dem ſchwerdt verwundet worden.Darumb wirt jhme der mund eines löwen/die füſſe eines Bären / vnnd die übrigen glieder eines Leupardts zu-
geſchrieben: weyl es dieſe theil der erden fürnemlich beſeſſen/ero reich vom
Daniele vnder dieſen thieren angedeutet worden. Vnnd als es ſich fürnemlich in Babylon/Perſomedien vnd Griechenland geſetzt/ hat das klein hein
endtlich jhme drey hörner oder königreich vnterwürfflich gemacht. Welches
klein hörnlein vnder den andern auffgewachßen / einen geringen anfang
genommen/letzlich den gröſten gewalt erlanget / vnd gröſſer als die übrige
worden iſt. Daher auch das gantz thier jhme ſelbſt den nammen gemachet
hatt. Aber in Occident iſt nach den Hunnen vnnd Gotten / das haupt
des thiers allgemach widerumb geheylet / vnnd gewachſen das zweyhörnig
thier/das dem Lamb gleich war/welches iſt die hur vnnd der falſch prophet/
der das bilde deß thiers ernewert / biß die hur endtlich vnuerſchampter weiſe
auff das gantz thier wirt ſitzen: da es doch nach Gottes rath mit dem ſelbigen
ſol außgereutet werden.Darauß verſtehet ein yeder/daß nur ein thier der vierten monarchey iſt / aber doch alſo ſeltzam vnnd jhme ſelbſt vngeleych/daß es
auch dem Propheten Daniel ſelbſt erſchröcklich/vnnd außzulegen ſchier vn-
müglich war.Darumb es bey Johanne etwan einem Drachen gleich iſt/nem
lich vnder dem Heydenthumb/da der Satan mit teüffeliſcher abgötterey vnd
vnmenſchlicher grauſamkeit/mit lügen vnd mord fürnemlich gewütet hat. Et
wan ſicht es einem thier mit zehen hörnern vnd ſiben köpffen gleich) / deß hörner zehen kronen auffgeſetzt werden (denn zuvor hiengen ſiben kronen an den
ſiben häuptern des Drachen)als das thier iſt/das nach dem der Orient vnnd
Occident getheilt worden/auß dem abgrund deß Meers geſtiegen/da der Satan an dem vffer deß Meers geſtanden vnd dem thier ſein thron vnd gewalt v-
bergeben hat/Apoca.12.v.8.13.v.2.3.Zu dieſem kompt das zweyhörnig thier/dz
zwar dem Lamb gleich ſicht/vñ mit dem aufferlichen ſchein das Chriſtenthum
anbildet/redet aber vnd gebeutet wie der Drach /welches zweyhörnig thier der
Antichriſt iſt/der ſich ſetzt in tempel Gottes / das iſt/in die Kirch/an dem ort/
da das zehenhörnig thier mit dem ſchwert in Occident an einem haupt verwundet iſt / da es auch durch den Antichriſten nach vnnd nach geheilt wirt.
Welches denn /wie augenſcheinlich am tag / vnder Bonifacio (ſonſt Wun-
fried der Teütſchen Apoſtel genannt)vnd hernach vnder Carolo dem groſſen/

der all

der alle provinceen durchstrichen / die kirchen vnd völcker gegen nidergang fast
alle/ wie Jacobus de Voragine in der Longobardischen histori zeuget/ mit zwe-
wungen/ gefengniß / mit allerley pein vnnd marter die gebreuch vnd Ceremo-
nien/die Lateinisch Meßz/die decret vnd ansehe des Römischen Pabsts/durch
das gantz reich zuhaltē gezwungen hat/geschehen ist. Vnd diß hat sich verloffen
bey zertheyltem reich. So fern aber/diß zertheylt reich/wie Daniel zeuget/wi-
derumb sol vereynbaret werden (wiewol es/in massen gemeldter prophet auch
zeuget/nicht an ein anderen halten wirdt/ob sie gleich durch menschlichē samen
vermischet werden / vñ durch heurathen sich zusamen zu verbinden begeren) so
wirdt eben das zweyhörnig thier/nicht allein so lang es dem Lamb gleich ist/son
der auch wenn es zur offentlichen huren worde/ vñ der gespons Christi vñ den
zweyen zeugen sich offentlich widersetzen wirdt/auff dem gantzen thier/das voll
ist der namen der gottslesterung gantz schendtlicher weise sitzen / vñ wirdt truncken werden vom blut der Heiligen / vnd wirdt gleich sein der scharlechroten
monarchey/die sie tregt/biß sie endtlich alle beyde in den sewrige teych/ der von
schwefel brennt lebendig geworffen / vñ die hur von den zehen hörneren des
thiers selbst auß gezogen vnd verbrennt wirdt. Welcher verderben in eynem
tag/vnd in einer stund komen wirdt: wie wol sie mit den künigen der erden hurerey treiben/vñ also her prangen wirdt/ [Ich sitz als ein Künigin/vñ bin kein
wittib/vnd wirdt kein leyd sehen.] Apoc 18.v.7. welches alles ietzunder zu er-
zellen zulang sein wurde.So heben nur die geweissagten iahr an/nach dem todt
Constantini/ vñ dem verderben der fünff Tyrannen/ do doch nach einer/ nemlich Julianus vberig war / biß vñ das dreyhundert vñ 76.iahr/zu welcher zeit
kurtz darvor der Heidnische drachen tempel zu delphis mit dem fewer vom him
mel verbrennt / vñ nicht mehr hat können widergebawen werden. Diese dreyhundert sechs vñ siebentzig iahr zehlen wir/ nach vnser zeit rechnūg/ nach welcher wir gesagt/ das die zerstörung Jerusalem falle,in das sechs vnd achtzigst
iahr Christi. Zu der zeit bedorfft die kirch /das sie widerumb gemessen wurde/vñ
da hat widerumb sollen geweissagt werden : weil die kirch vom drachen in die
wüste vertrieben/vñ von Arrianern allenthalben beunrühwiget worden. Die
kirch aber wirdt in der wüste erneert eyne zeit/ zwo zeiten/ vñ ein halbe zeit/ da
nach Danielis anleytung eyne zeit/ ein iahr/ zwo zeiten zwey iahr/ vñ ein halbe zeit/ein halb iahr bedeutet. Aber nach deß iahrs tagen/wie gesagt/ muß man
widerumb für tag so viel iar verstehē/ also das dz iar in zwölff monat/ der monat
in dreissig tag getheylt werde. So erwachst nur auß einer zeit/ zweyen zeiten/
vnd einer halben zeit/ die zal der tausent zweyhundert vnnd sechzig tagen oder

D   iiij.

fahren/welches die zeit ist darin die kirch in der wüste erneert ist/ vñ stimbt
den zweyen zeugen/die sie neeren / wie auch mit dem /da Jerusalem zween
vierzig monat (welche machen tausent zweyhundert vn sechzig tag) sol
fuessen getretten werden / vn letzlich mit dem thier das eben so viel mona
giert. Vnd diese zeit rechnung ist so gewiß/ vñ schickt sich auff alle sachen so
gentlich / das wohin man sich sonst wender/ oder auff eyniche andere weiß
jahlen rechnet / man entweder durch die erfahrung widerwiesen wirdt / c
man die Schrifft wider vnd in sich so bst streittend machet: wie solches alle
der zeitrechnung vber die offenbarung Johannis weitleuffiger vñ grunt
cher sol dargethan werden.

Nach dem wir nun die bestimbte zeit/ in deren die zween zeugen Christi
zeugnuß vollendet/ vñ vom thier getödet werde/ angezeyget/ so volget/ das
auch die zeit des thiers/so auß dem mehr auffsteigt/zu welchem denn tompt
falsch prophet/oder das zweyhörnig thier/eigentlich ergrunten. Denn gle
wie zur zeit/da das thier am höchsten war/als nam.ich da sein haubt n iden
geheylet/ vñ ihme alle völcker nach volgten/ der zweyhörnig falsch propher
da zeychen thatte/vñ das fewr hieß vom himel fallen (welches zeychen sind i
falschen Heliæ/der den zwegen zeuzen Christi entgegen ist) durch sechs hu
dert sechs vñ sechtzig jahr an eyn ander alle ding mit dem zeychen des thi
versieglet hat/ gleich als wenn er mit dem siegel Pilati Christum wolte im gr
behalte/ biß endtlich zur zeit Wickleffs die warheit geoffenbaret/vñ d Antich:
vmbgebracht zu werden angefangen: Also wirdt die hur durch das gepredig
Wort te mehr vnd mehr entrüstet/ vñ beutet dar iederman den kelch ihrer hu
rey vnd vnreynigkeit/ biß die künige vñ fursten der erden verzauberet / vñ v
ihrer hurerey truncken werden/ vñ sie endtlich mit den erschlagnen leyben l
heylsgen ihren mutwillen treibe/sich mit dem thier verbinde/ vmnd zur künig
mache. Aber ihr verderben wirdt kommen auff einen tag vñ zu einer stunde/
wirdt der gewalt vom thier genommen / vñ ihrer beyder leybe werden in it fe
verbrennt : weil der Herr der Herscharen diese ding in das werck zu setzen c
waltig ist /Dan.7 v.11.12. Apoc 18.v.8. Wöllen derhaben wir zum ersten d
anfang des Thiers erforschen/auff das wir sein/wie auch des falschen proph
ten/ende recht erkennen. Die macht des Thiers zuthun wirdt beschrieben
zween vñ viertzig monat. So nun der monat für dreyßig tage/noch gewo
heyt der Chaldeeren/ der Egyptier vñ Hebreer/ nach gebreuchlicher zeit re
nung der H.Schrifft/ der tag aber für ein iar genomen wirdt/ machen sie ta
sent zweyhundert vn sechsig iahr / vnd derhalben eben so viel/ als der kirch

die in die wüste verlagt/zugeschriben werden. Es müssend aber sich diese zat ablauffen/ehe der Satan auffgelößt wirt/weyl in der Offenbarung Cap. 20: v.10. stehet/der Satan müsse eben dahin geworffen werden / da allbereit das thier vnd der falsch prophet sind.Vnd am 14.Cap.v.8.10. Es werden in dem verterben Babylons eben dahin geworffen/vnd auß dem kelch deß zorns trincken/die das zeichen des thiers empfahen/oder dasselbig vnd sein bildnus werden anbetten. Vnd auß dem 16.Cap. biß auff den 14. versicul erscheint / das dero verdamnus die der huren anhangen/dem verderben der dreyen teuffelischen geistern/vnd dem krieg mit Gog vnd Magog/das ist den königen der erden/vn der gantzen welt/die versamlet sind zur schlacht/auff den tag des allmechtigen Gottes, vergehen werde: Ob gleich das allgemein vnd endtlich verderben der grossen statt Babylon erst am letzten tag in das werck gesetzt wirt. Derhalben müssen wir dem thier einen solchen anfang setzen/daß die zahl seines gewalts sich nicht erstrecke vber die zeit/ da der Satan auffgelößt wirt/wo wir anders nicht wöllen vns selbst zu vngereimpten dingen begeben. Derhalben muß der anfang des thiers nicht erst von dem kleinen hörnlein hergenommen werden (ob gleich) es ein fürnemmer theil des thiers ist) das ist/von dem siebenhundert vnd zehenden jar/da der Drach gebunden/vnd das zweyhörnig thier entstanden/in Orient aber der Machomet geregiert hat/sonder muß lang vor dieser zeit gesucht vnd gezeigt werden. Dann von dem an/daß das reych zertheilt worden/ist das zehen hörnig thier allbereit gewesen/hat angefangen zum vndergang sich necheren/vnnd ist sein haupt gegen Occident von Gotten vnnd Hunnen verwundet worden/ehe es widerumb zu recht bracht ist im sibenhundert vnd zehenden jar. Es wirt aber außtrucklich vnd als denckwirdig gesagt/Die macht zu thun/weyl es nach verfliessung der zwey vnd viertzig menaten kein fernern vnd newen schaden wirt thun können / sonder wirt auffhören in dem es die zween propheten getödet hat. Denn ob gleich ihre leib vntergraben ligen werden auff der gassen der grossen statt/welche ist Sodem vnd Egypten in die drey vnd ein halben tag/welches die zeit ist/darinn die hur erhöcht wirt/ so wirt sie doch durch das thier nichts mehr können verrichten / als die mit Ihme bald hernach in das fewer sol geworffen werden. Derhalben müssen wir zum ersten diese tausend zweyhundert vnnd sechtzig jar/welches da sind zween vn viertzig monat/ von dem termin anhebe abzuziehe/do der Satan aufgelößt wirde: also werden überig seyn vierhundert vnd fünffzig jar. Weyter sollen wir diese vergleiche mit dem anfang d zeit/ die den Propheten gegeben/ vn mit dem weib/das in die wüste fleücht/ welche ist dr dreyhundert vn sibentzigst jar/

E

wie zuvor gemeldet. Auß der gleichheit dises termins (weyl das ende des thiers vnd des weibs so in die wuste vertriben gleich zutreffen muß) erscheinet/ daß das ende des thiers/der aufflösung deß Satans vier vnnd sibentzig jar vorge= het. Ich rede aber von dem ende der macht/die dem thier zuthun gegeben wor= den. Denn hernach wirt es aller erst mit der huren oder falschen Propheten in das fewer geworffen vnd verbrennt werden/ nemlich im jar/monat/tag vnd stunde / nach dem die zween zeugen Christi aufferweckt sind/ welcher leib= drey vnd ein halb jar vntergraben ligen werden: Da die macht des thiers zu= thun aufhören wirt. Die übrigen aber werden vom schwert vmbkomen/Apoc. 19. Also entstehet dz tausent sechs hundert vñ sechs vñ dreyssigst jar/da in dem er= de des prophetischen zeugnis/die macht des thiers ihr ende auch erreychen wirt

Aber die zeit in dero das Thier sein anfang nemen wirdt/ kan auch auß ein ander weise vor augen gestelt werden. Denn in der Offenbarung capit. 2. vers. 10. da der drach oder Satan nach durch das Heydenthumb regiert stehet/es werde der kirch zu Smyrnen begegnen / das der Teuffel etliche auß ihro in gefengnuß werffe/ das sie gebrüffet werden (nemlich mit gleicher prob/ wie sie über alle einwohner der erden komen wirdt/Apoc. 3. v. 10.) Vnd spricht/ ihr werden Trübsal leyden zehen tag Do er die zeit Diocletiani die fünff auch der Martyrer zeit genennt wirdt / verstehet/ do die Christen in der zehen iährigen verfolgung auff das allergrausammist geplaget wurden. Diese zeit aber / zeucht der Evangelist auff die ding die allbereyt sind/ vnnd macht ein deutlichen vnderscheid zwischen den zukünfftigen/ vñ zwischen den gegenwertigen dingen/die die Asiatischen kirchen/ die zur selbigen zeit waren/ antraffen/wie wir lesen Apoc. 1. v. 19. 20. vnd cap. 4. v 1. Was volget aber aller nechst auff die ding/die allbereit vorhanden gewesen? Der vndergang der fünff Heydnischen kinigen/ als Constantinus der groß den letzten sieg erhalte / wie= wol seines bruders Sohn Julianus noch vberig war/ welcher als er hernach an des Constantini Söhnen statt komen/ das Heydenthumb offentlich wider ein führen wolt. Es wirdt aber diese zeit recht vnd wol verglichen einem weib das Christum geboren hat/vñ ist eben eyne zeit mit dem weissen rossz/ auff dem der gesessen der ein bogen in der hand hat/vnd dem ein kron gegeben/ vnnd der auß gegange ist. als ein sieger das er siegete. Weil dem Constantino gesagt ist/ das er auch in diesem zeichen vberwunde/vñ ist Julianus mit dem pfeil erschos= sen/der das erst siegel geendet hat/Apo. 6. v. 2. Zu dieser zeit ist entstande das ze= hen hörnig Thier/wie Apoc. 17. v. 10. geschrieben stehet. Als fünff kinige gefal= len/Diocletianus/Maximianus/Maximinus/Maxentius/Licinius/vñ einer

auß dieser jahl/ die zu einer zeit gewesen vñ gelebt haben/ ist noch vberig nemb-
lich Julianus. Einer aber ist nach nit komen: Wenn er aber kombt/muß er ein
kurtze zeit bleiben/welcher ist der Satan/ der seiner gefengnuß sol loß werden/
namlich der eyserne fuß der vierde Monarchey: das Thier aber ist der achtest/
vnd ist auß den sieben·der achtest do man ihn haltet gegen den genanten sieben:
der siebend aber gegen dem Satan/der noch nit auffgelöst ist. Es ist aber gewesen vnd ist nicht mehr/vnd ist doch/vnd gehet in das verderben. Es ist gewesen
vnd ist nicht mehr / in betrachtung des verderbens das vber ihns gehet/ehe der
Satan auffgelöst wirdt/den es wirdt mit fewr verbrennt werdē. Vnd ist doch
noch/ eins theyls in dem/der noch nit komen ist/ Anders theyls in den drey vn-
sauberen geystern/ die deß Satans verboten sind/ die hier zwischen ihm: den
weg bereyten / in welchen auch das Thier selbst ist / biß der Satan auffgelöst
wirdt. Es wirdt aber keiner/ der nun vmb etwas der Historien erfahren/in ab-
rede sein können denn das diese ding anzuheben sexen/ vom dreyhundert sechs
vnd siebenzigsten jahr / so man allein die keiserlichen zeit rechnunge zeucht auff
den puncten der zerstörung Jerusalem / von dem aber hie nichts weiters zu re-
den.Darauß aber volget/das die macht des Thiers/ das da thut zween vñ viertzig monat / so man sie anhebt vom dreyhundert sechs vnnd siebenzigsten iahr
eben in dem jahr/ da die Propheten getödtet werdē/ solle auffhören/welches ist
das tausend sechshundert sechs vñ dreyssigst jahr/Christi/wie auß der zeitrechnung vnd außfürlichen erklärung der Offenbarung augenscheinlich soll erwie-
sen werden.

Nach dem wir nun auff d' tausent sechshundert sechs vñ dreyssigst jar Christi komen/ da die Propheten sollen getödtet/ vnd die macht deß Thiers geendet
werden: so wer es an dem/ das wir etwas von der macht deß Thiers/ vñ von
dem wie sich die Christen in so grosser thrübsal/ die wir zugewarten haben sollen verhalten/welches denn der fürnembste zweck diß vnsers vorhabens ist.Weil
aber diß zu ende deß buchs komlicher wirt geschehen können/ da wir alles auff
sein rechten gebrauch vnd zweck ziehen werden/ so wöllen wir jetz zu dem/ was
noch vberig ist fortschreiten. Wöllen derhalben wir in vnser zeit rechnung kommen auff die zeiten/so auff das tausent sechshundert vnnd sechs vnd dreyssig
jahr ervolgent. Denn diese ding alle werden vns eins theils in den zwen heringē/
anders theils in dem Greypswaldischen fisch außtrücklich vorgezeiget. So
stehet nun in der Offenbarung cap.11. [Die Leichnam der Propheten werden ligen auff der gassen der grossen statt/ die da heißt geystlich Sodoma
vnd Aegypten/ da auch vnser Herr gecreütziget ist/ vñ es werde jhre Leich-

E ij

nam von den völckern vnd geschlechten vnd sprachen drey vnd ein halben tag gesehen / vnnd sie werden ihre Leichnam nicht lassen in greber legen. Vnd die auff erden wohnen werden sich frewen vber ihnen vnd wol leben vnd geschenck vnder ein anderen senden. Denn diese zwen Propheten queleten/die auff erden woneten. Vnd nach dreyen tagen vnd einem halben fiel auff sie der geyst deß lebens von Gott/ vnd sie tretten auff ihre füsse/ vnd eine grosse forcht fiel vber die sie sahen. Vnd sie hortē ein grosse stimm vom himmel zu ihnen sagen. Steiget herauff. Vnd sie stiegen auff in den himmel in einer wolcken/ vnd es sahen sie ihre feinde. Vnd zu der selbigen stunde/ward ein groß erdbedem/vnd das zehende theil der statt fiel/ vnd warden getödtet in der erdbedung.sieben tausend namen der menschen (verstand in dem zehenden vnd fallenden theil der statt) vnnd die anderen erschracken/vnd gaben ehre dem Gott deß himmels. Was nun hie erzehlt wirt das es hernach geschehen sol / erfolget grad auff das tausent sechshundert sechs vnd dreyssigstejahr/ nemlich drey vnd ein halben tag/ in denen die einwohner der erden geschenck / ein ander schicken / vnnd sich vber den erschlagnen zeugen Christi frewen werden. Vnd weil sie von dem thier söllen getödtet werden auff den gassen der grossen statt/welche ist Sodoma vnd Aegypten/die von wegen jhres vnkeuschen lebens vnd geystlicher hurerey also genennt wirdt/so verstehet man hie/das allbereyt die hur vnd das thier vereinbaret/ darvon weitleuffig vnd heller geredt wirdt Apoc.17. das nemlich als denn die künig der erden mit der huren werden hurerey treiben / vnnd das geheymnuß der boßheit werde gänzlich erfüllt vnd an der stirnen der huren werde geschrieben werden auff solche weise/ [das grosse Babylon die mutter der hurerey vnd deß grewels auff erdē/] da das weib truncken sein wirdt vom blut der Heyligen vnnd der zeugen Christi. Aber nach dreyen vnd einem halben tag/das ist/nach soviel iahren (wie allenthalben auß der Offenbarung erscheint) werden die zwen zeugen Christi aufferstehen:dahin denn dienet der ort von der ersten aufferstehung/ vnnd dem Prophetischen geheymnuß das sol offenbart werden / welches ist die Prophecey deß Engels Apoc.10. vers.8. vnnd die Posaunen deß siebenden Engels Apoc.11.vers.15.17. welches alles so lange zeyt zuvor vom Daniele gewissaget cap.12.vers.7. Vnd diß ist auch das höheste der seligen zeit/welche in der Offenbarung cap.20.vers.5. Die erste aufferstehung genent wirt. Die auch der Apostel Rom.11. Das leben von den todten nennet / von wegen der auffnemmung deß volcks Gottes das zur selbigen zeit sol bekert werden / wie auß vnserer beschreibung deß Prophetischen geheimnuß zu seiner zeit sol offenbar werden

Hieher dienet auch / daß auff der lingen seiten deß grösseren herings geschrieben stehet / das wort VICI [Jch hab vberwunden] wie baldt hernach weiter sol erklert werden. Es wirt aber Apoc.11. hinzugesetzt/ [Vnnd es ist zur selbigen stund ein groß erdbedem worden/vnnd das zehende theil der statt ist
gefallen/] nemlich in der selbigen stunde. Denn wenn sie in drey theyl gethei-
let wirt vnd mit den stetten der Heyden zerfallet / so wirt das allgemein ende
der welt vorhanden sein/ vnd die leiste verdammung Apoc.16.vers.19. die hieher nicht gehört. Alß dann in der Offenbarung cap.18.vers.8. von der huren/
die spricht: [Jch sitz ein Künige/ vnnd kein wittwe/ vnd werd das leid nicht
sehen/] gehandlet wirdt/stehet: [Derhalben werden ihre straffen auff einen
tage kommen/der todt/leyd vnd hunger/vnd sie wirdt mit fewer verbrennt
werden. Denn der Herre Gott ist starck der sie verdammen wirdt/ etc.] Vnnd
am 10.vers. [Weh/ weh/ die grosse statt Babylon/ auff ein stund ist ihr gericht kommen:] Wie auch vers.16. vnnd cap.17. vers.2./ da gemeldet wirdt die zehen künige/ die das Reich noch nicht empfangen (als die solches dem thier je-
zunder vbergeben/ biß das wort Gottes erfült wirde) werden hernach [in einer
stunde] gewalt empfahen. Eben von diesen stehet auch/ sie werden die hur ver-
folgen/sie einöde vnd bloß machen/ihr fleisch fressen/vnd sie mit fewer verbrennen. Derhalben wöllen wir hie fleyssig erforschen die stund in dero die grosse
hur sol verdambt werden/ die da spricht [Jch sitze als ein Künige/ etc.] Denn
das der Apostel spricht 1.Thess.5. [Wenn sie werden sagen friede/vnd es hat
kein gefahr/Denn wirt das verderben schnäll über sie kommen / gleych wie
der schmertz über ein schwangere frauw / vnd sie werden nicht entfliehen/]
sol vnnd mag auch hieher gezogen werden / nicht allein auff die letzte zukunfft Christi/ da der geist der teüffeln nemlich deß Thiers/ deß falschen Propheten vnd deß Trachen/ Ja auch der Drach oder Satan selbs mit fewr von
himmel verderbt wirdt 2.Thess.1.Apoc.20. So stehet nun in der Offenbarung
cap.9.v.13. vnd hernach [Vnd der sechste Engel Posaunete/vnd ich hort ein
stimme von den vier eggen deß güldinen altars für Gott/ die sprach zum
sechsten Engel/ der die Posaune hatte/ löse auff die vier Engel/gebunden
an den grossen wasserstrom Euphrates/vnd es wurden die vier Engel loß/
die bereit waren/ auff eine stunde/ vnnd auff einen tage/ vnnd auff ein
monden/ vnnd auff ein Jahr/daß sie tödten das dritte theil der menschen/
vnd die zal deß reisigen zeuges/zwey thausent mal hundert tausend. Denn
ich hab ihre zal gehört. Vnd also sache ich die Roßz im gsichte/vnd die darauff sassen/das sie hatten fewrige vnd gele vnd schwefelische pantzer/ vnnd

E iij

die heupter der roſſen wie die heupter der Lewen / vnnd auß ihrem munde
gieng fewr/rauch vnd ſchwefel/etc.] Auff das man aber ſehe / wen ſie tödten
wurden/wirdt hinzu geſetzt/verſ 20. [Von dieſen Dreyen ward/ertödtet das
dritt theyl der menſchen vom fewr /. vnd rauch vnd ſchwefel/ der auß ihrem
munde gieng. Denn ihr macht wahr in ihrem munde vnnd ihre ſchwäntz
waren den ſchlangen gleich / vnd haben heupter vnd mit den ſelbigen the=
ten ſie ſchaden. Vnd blieben noch leute/die nicht getödtet wurden von die=
ſen plagen / noch Buſſe thaten für die werck ihrer hende / vnnd daß ſie nicht
anbetten die guldene/ſilberne ehrne/ſteynerne vnd höltzerne götzen/welche
weder ſehen noch hören/ noch wandlen können. Sie auch nicht buſſe the=
ten für ihre morde/zauberey/hurerey vnd dieberey.] In dieſen worten ſeind
drey ding fürnemlich zumercken. Erſtlich von vnnd durch welche dieſe todt=
ſchläge ſollen verrichtet werden : demnach durch was inſtrument vnnd
werckzeuge : letzlich welche ſollen ertödtet werden. So viel das erſte antriffe
werden die Engel benamſet / von denen die menſchen angeſchrieben werden.
Denn das hindert nicht das in der Offenbarung Cap.17.v.17. von den küni=
gen ſtehet/Gott werde jhnen in das hertz geben zu thun / das iſt ſie geſellig iſt/
vnd daß ſie einmütig ſeyen vñ das reich dem thier geben/biß daß Gottes wort
erfüllet werde. So erſcheint nun auß dem angezeigten örtern der Schrifft/daß
dieſe ding ſollen durch den dienſt der menſchen verrichtet werden/vnd ſöliches
nit durch fußvolck/ ſonder durch reutern/die gewapnet ſind mit fewer/rauch/
vnd ſchwefel/das iſt mit büchſen/die hur mit fewer zuverbrennen. Daß aber
dies alles ſich auff die hur vnd auff das thier reyme / als auff die feinde Got=
tes/erſcheint auß der beſchreibung der wercken/ ſo wider die erſte vnnd andere
Tafel begangen. Welches alles mit bedeutenden characteren gantz wunderlich
im Grypſwaldiſchen ſich außgetruckt iſt. Denn auff dem ſelbigen ſtehet ein
R/ vñ ſolches zerbrechen/ welches ein zeichen iſt deß abnemenden Römiſchē
Reichs / vnd der vierdten Monarchen/ ſo allein auff dem fuſſe etlicher maſſen
beſtehet/wie ſtehet im Daniele. Es ſtehet auch darbey ein ſporen/als ein zeichē
deß reiſigen zeugs: wie gleicher weiſe auch ſtehen bedeutende zeichen der büch=
ſen vnd ſchwertern. Denn in der Offenbarung cap.19.v.21.ſtehet/daß wenn
das thier vnd der falſch Prophet in das fewer geworffen ſind / auch die übri=
gen mit dem ſchwert ſollen getödet werden. Vnd hindert hieran nicht/ daß an
gedachtem ort ſtehet/das ſchwerdt werde auß dem munde des Herren gehen:
weil das leiblich vom geiſtlichen geſcherffſt wirt:gleich wie der eyfer des Her=
tzen/der die keuffer vnnd verkeuffer deß Tempels verjehrt/auch die leiblich gey=
ſtli Chri-

sel Christi eingeführet hat. Derhalben hierauß offenbar ist/ was aller nehest auff die drey vnnd den halben tage volgen werde / nach der aufferstehung der zweyen zeugen Christi/ nemlich die stunde/der tag/der monat/ vnnd das jar/ auff welchen der dritte theil der menschen mit fewer/rauch vnnd schwefel/ die übrigen aber mit dem schwert sollen dahin gerichtet werden. Also eigentlich aber vnd bey der stund wirt beschrieben vnd angezeigt die verdamnus der hur‐ ren/auff daß die gleubigen vnder dem creutz nicht verschmachten/ oder durch vngedult überwunden werden / weil die hur den hauffen ihrer sünden/ so biß an hümel reichen/ zusamen gesamlet hat. Wirt derhalben hie gemacht das tausend sechßhundert vnd vierzigst jar mit sampt sieben monat vnd einem tag vñ stund. Von denen biß auff die aufflösung deß Satans/welches ist das tau‐ send siebenhundert vnd zehend jar/durch sibenzig jar/die der Babylonischen gefengnus entgegen gesetzt sind/ von den tage deß siebenden posaunenden En‐ gels/so wirt erfüllt werden das geheimnus / so die Propheten vorgesagt/von der bekehrung der Juden/vnd von der vervolkommung deß reichs Christi/deß kein ende sein wirt. Denn ob gleich eins theils die drey geister des Drachen des thiers/vnd des falschen Propheten/die die Heyden verführen vnnd sie wi‐ der die Heiligen verhetzen/anderstheils der aufgelößte Satan/nach den tau‐ send jaren/welcher termin fallt in das tausend siebenhundert vnnd zehend jar/ wenn er wirt außgehen die Heyden/den Gog vnd Magog/das ist/den fürsten vñ das volck des fürstē/nicht allein in deß Gogs land/ sonder (wie heyter dar‐ zu gesetzt wirt)in den vier eggen der erde zu versamlē/also daß er auch dz läger der Heiligen vmbgeben wirt/mehr dengrossen schaden thun werden:So wer‐ den sie doch das reich nicht behalten/sonder das fewer vom himmel wirt die widerwertigen verzehren/Apoc.20.v.9. Hierzwischen werden die todten von nun an selig gepriesen/die vmb des Herren willen sterben/Apoc.14. Welches in gemein auff ein yede zeit:insonderheit aber auff die letzte kan gezogen wer‐ den/da nemlich das geistlich reich Christi albereit eingeführt ist auff erden/ daß sie ruhen von aller arbeit/vnnd ihre werck/das ist/die belohnung der wer‐ cken ihnen also bald nach folge/vnd solches nit allein an der seele / sonder auch an dem leibe.Diß wirdt angezeigt Apoc.11.da nach dem die reich der welt sind Christi reich worden stehet vers.18. [Vnd die Heyden sind zornig worden/ vñ es ist kommen dein zorn/vñ die zeit der todten zurichten vñ zugeben den lohn deinen knechten den Propheten / vñ den Heyligen/ vñ denen die dei‐ nen Namen förchten den kleinen vnd grossen/ vnnd zuverderben die/ die erden verderbet haben.] Auff diese zeit warten mit grossem verlangen die vmb

deß worts vnd deß zeugnuß Jesu willen getödtet sind/ vnd schreyen mit lauter
stim (wie das blut Abels) [wie lang O Herr/ der du bist Heylig vn war-
hafftig/wilt nicht richten vn rechen vnser blut an denen/ die auff erden wo-
nen.] Welchen gesagt wirdt das sie ruhen noch ein kleine zeit / biß auch ihre
brüder vnd mitknecht erfüllet werden/die gleich wie sie sollen getödtet werden:
verstehe zur zeit wenn der Satan auffgelöst/vnd biß zu ende der welt. Da hernach kein bestimbte zeit mehr auff die krieg vnd kriegs geschrey volget: wie wol
das ende nicht als bald verhande sein wirdt/wie der Herr vorgesagt hat. Vnd
der Engel spricht: Dan.12.vers.1.zur selbige zeit wirdt der groß Fürst Michael
stehen/ vnd wirt stehen vber den kindern deines volcks/rc. Derhalben was
für zeit nach dem tausent sieben hunderten vnd zehenden iahr vberig sein wirde
(welche doch klein vn kurtz genent wirdt)die wirt den gleubigen durch auß trüb-
selig sein/ die darumb geheyssen werden ihre heupter auffheben/ weil ihre erlö-
sung nahet. Aber von dem ende der welt / wie es vns mit keiner zeit vmbschrie-
ben/ist droben meldung geschehen. Diß weis ist es genug die gelegenheyt der
zeiten/mit dero vnsere erklerung der fischen vber christum met/auß dem H. Johanne angezeygt/vnd sie als ein grund vnser außlegung gelegt haben.

Jetzunder ist es an dem/ daß wir den andern theil vnsers vorhabes für die
hand nemmen / vnd die erklerung der fischen auff die biß hero erklärte zeitrechnung ziehen/ vnnd den nutz vnd rechten gebrauch dieser dingen vermelden.
Welches das wirs mit nutz deß lesers thuen/ so wöllen wir/ was bißhero weit-
leufftig gemeldet/in ein kurtze summa zusammen fassen vnd dem günstigen leser
für augen stellen.

Derhalben sind nach der Schrifft zeitrechnung von der geburt Christi/ biß
auff die zeit da das teglich opffer abgethan/vnd die verwüstung so allbereyt ein-
geführt/sechs vnd achtzig iahr.

Von dennen werden nach den worten deß Engels/Dan.12. gezelt tausend/
zweyhundert vnd neuntzig tage/das ist iahr. Diß alles zusamen gezogen bringt
die zeit Wicleffs: da zuvor alle ding an allen enden mit dem zeichen deß thiers
versiegelt waren. Zur selbigen zeit hatt der Antichrist angefang mit dem geist
deß munds deß Herren offentlich vmgebracht zu werden/nemlich im iahr Christi tausend dreyhundert vnd sechs vnd siebentzig.

Von diesem sollen gezogen werden sechshundert sechtzig vnd sechs iahr/ in
welchen der Antichrist auff kommen / als dem thier sein haubt/ welchs
mit dem schwerdt verwundet gewesen/widerumb geheylt worden/vnd der Satan dem Thier den thron gentzlich vbergab/vnd er in den abgrund tausent iahr
gebunden

gebunden worden. Also bleiben vberig das siebenhundert vnd zehen iahr Chri
sti. Dahin dienet das klein horn Dan. 7. welches Philippus Melanchthon
recht vom Mahomet oder Turcken außlegt/der dz furnemste theyl ist deß Thiers/
das die kirch verfolget.

Von dem an da der Satan (betreffendt die Heydnische Abgötterey vnnd
die verfolgung durch die Heyden) ist gebunden worden/vnd widerumb auff=
gelöst soll werde/verlauffen sich tausend iahr: Apo. 20. welche wenn man sie zu
den sieben hundert vnd zehen thut / so machen sie das tausend sieben hundert
vnd zehende iahr Christi.

Innert dieser zeit hört auff deß thiers reich (weil das Thier vnd der falsch
prophet ehe der Satan auffgelöst wirdt / in das fewr geworffen / vnnd an ihr
statt drey Teuffels geyster /als deß Satans vorleuffer /biß er selbs loß wirdt/
auffgehen werden) vnd enden auch die zween Propheten / so vom Thier sollen
getödtet werden / Apocal. 11. vers 12 15. Derhalben muß die zeit darin so wol
das Thier als die Propheten Christi getödtet werden / innerthalb dieser tau=
sendt sieben hundert vnd zehen iahren begrieffen vnd gesucht werden.

Die Propheten oder zwen zeugen Christi werden tausend zweyhundert vnd
sechtzig tag weissagen. Die halten wir gegen deß Engels termin Dan. 12. der da
falt in die zeit Wiclefs/ vnd in das iahr Christi tausend dreyhundert sechs vnd
sibentzig da das Liecht deß Euangelij angefangen herfür zubrechen. Dann
es ist gewiß weil man der Propheten zeit am mitten diß orts anhept/ das man
nicht kan fehlen.

Wenn wir nun von diesem termin deß Engels die tausendt iahr der
Propheten abziehen/ so werden wir kommen auff den anfang der Propheten/
nach dem das Christenthumb in die welt eingeführt worden Apoc. 12. Wenn
wir aber zu dem gemeldten termin deß Engels nemlich zu den tausent dreyhun=
dert sechs vnd sibentzig tagen / die vberige zweyhundert vnd sechtzig iarstag der
Propheten thun werden/so komen wir zu ihrem ende. Derhalben wirt zu ruck
gemacht das dreyhundert sechs vnd siebentzigst iahr Christi/zu welcher zeit die
kirch in die wüste veriagt / vnnd der drach schon zuvor von himmel geworffen/
vnd das thier auß dem abgrund herauff gestiegen / als das reich zertheilt wor=
den. Wenn aber zu dem tausent dreyhundert sechs vnnd siebentzigsten iahr/
die vbrigen zweyhundert vnnd sechtzig gethon werden/so machen sie das tau=
sent sechs hundert vnnd sechs vnnd dreissigst iahr Christi. Also wirdt
gentzlich vnd gewiß der anfang/ der fortgang/vnd das ende der kirchen/die in
der wüste ernehrt worden/vnd die zeit der zweyen zeugen Christi erkundiget.

F

Denn so einer welte vom tausent dreyhundert sechs vnnd siebentzigsten iahr rechnen / vnd die tausent zweyhundert vnd sechtzig tag alle darzuthun / so kein er auff das zwey tausent sechshunndert vnd sechs vnd dreissigst iahr / vnnd also vber die zeit / da der Satan soll auffgelöst werden / welches wie rugerennt es sey / erscheint auß diesem grund / weil eins theyls das thier / ehe der Satan auffge löst wirdt / sol abgethon / anders theyls die Propheten vom thier selbs sollen getödtet werden. Neben diesem wurde auch die zeit der Propheten sich nicht anheben noch der zeit / da der drach von himel gworffen / vnnd das weib in die wüste geflohen / vnnd daselbst tausent zweyhundert vnnd sechtzig tag ernehrt worden.

Weil aber einer mehr als tausent iahr von dem termin abzuge / den der Engel gezeiget / welcher in die zeit Wyclefs / vnd in das iahr Christi tausent drey hundert sechs vnd siebentzig fellt / so müßte allbereyt alles erfüllet sein / welches aber / wie die erfahrung zeuget / noch das ende nicht erreichet hat. So wers auch der Satan / ehe vnd das Christenthumb in die welt eingeführt / vom Himmel geworffen / dem auch die zeit / darinn das weib in der wüste ernehrt werden / zuwider ist.

Ist derhalben gewüß das die zeit deß anfangs der Propheten in dero sie widerumb hand sollen weissagen / vnd die kirch in der wüste weyden / vmb welcher ellend vnd widerlag willen sie mit secken angethon sein / recht von vns angezeigt sey / vnnd das sie vom dreyhundert sechs vnd siebentzigsten iahr / durch tausent zwey hundert vñ sechtzig tag solle gerechnet werden / in denen das tausent sechshunndert vnd sechs vñ dreissigst iahr sich volkomlich verlaufft. Welche rechnung auch vnsere hering genugsam anzeygen.

Was ferner die zeyt deß thiers antrifft / ob sie gleich wol mit der zeit der Propheten zutrifft / so muß sie doch auß bekanten vnd vnleugbaren dingen erforschet vnd angezeiget werden. Weil sie nun mit zwey vnnd viertzig monat beschrieben wirdt Apoc. 13. So lang auch Jerusalem (weil der ausser Chor außgeschlossen) von Heiden vnder getruckt wirdt / nach dem der tempel vnd altar / das ist die kirch gemessen ist. Apoc. 11. wenn man den monat nimbt für dreissig tag / vnd den tag für ein iahr / wie auch in den wochen Daniels / vnd allenthalben in der offenbarung geschicht / so werden darauß tausent zweyhundert vnnd sechtzig iahr. Welche so man sie nach aufflösung deß Satans abzeicht / bleiben vberig vier hundert vnd fünfftzig iahr.

Weil aber gemeldet wirdt / das thier solle mit samt dem falschen propheten verbrent werden: Item weil die zeit der dreyen geisteren / so auß dem mund deß

Drachens

Drachen/deß Thiers/ vnd deß falschen propheten gehen/ die künige der erden
mit wunder wercken wider die kirchen zuerwecken/ der aufflösung deß Satans
vergehet: so muß volgen das das vier hundert vnd fünfftzigst iahr: Christi nicht
kan der anfang deß thiers sein. Kan derhalben dieser sein anfang eygentlicher
nicht gefunden werden/ denn von der vergleichung der zeit der Propheten vnd
der kirchen die in die wüste vertrieben / vnd deß Satans der vom himel herab
gestürtzt/ vnnd von der zertheylung deß reichs / darauff die zeit deß Thiers gerichtet ist.

So man nun von den vierhundert vñ fünfftzig iahren die drey hundert vnd
siebentzig iahr abzeucht/ so bleiben vier vnd siebentzig vberig. So mann ferner
diese vier vñ siebentzig abzeucht von der aufflösung deß Satans/ das ist/ von
dem tausent sieben hundert vnd zehenden Jar/ so wirdt man als den mercken/
wie lang vor der aufflösung deß Satans der grwalt deß Thiers zuhandlen solle
aufhören/ nemlich grad in dem iahr/ da die zeugnuß der Propheten soll geendet werden/ welches ist das tausent sechshundert vnd sechs vnd dreissigst/ wie
droben gesetzt.

So wirdt nun der letzte act deß Thiers in dem todtschlag der zweyen zeugen Christi vollendet werden. Welches ebener massen erlernt wirdt auß dem
anfang deß thiers/ von dem niderlag vnd außrottung der fünff Tyrannen/ vñ
von dem der da ist/ zurechnen/ vnd von dem der nach nicht komen ist. Apoc. 17.
ver 10. welches alles in der außlegung vber die Offenbarung außfürlicher soll
dargethon werden.

Von dennen soll man zellen drey vnd ein halben tag/ das ist so viel iahre: in
denen der Propheten leibe vnvergraben ligen werden welche so man sie zu den
vorgehenden setzet / machen sie das tausent sechshundert neun vnd dreissigst
sampt einem halben iahr.

Von deñen wirt bestimt die stund/ tag/ monat vnd iar/ da der dritte theyl der
gottlosen menschen sol getödtet werden Apoc. 9. darauß entspringt das tausent
sechs hundert vnd viertzigst iahr Christi/ mit sampt sieben monat/ dem tag/ vñ
stund/ darin die groß hur sol verdambt vnd gerichtet werden.

Aber zwischen der verdammung vnnd gericht der grossen Huren vnnd deß
Thiers biß der Satan auffgelöst wirdt/ laufft die zeit/ darinn das geheymnuß
Gottes sol vollendet werde. Da nemlich Gott sein volck vermög seines bunds
beruffen wirdt: welches an die Römer Cap. 11. also angezeygt wirdt: Wenn ich
ihr sünde hinweg nemmen wirdt/ etc.

Es wirdt auch darzwischen gesetzt/ was die drey vnreinen geister deß Anti-

F ij

chriſten wider die fiſch werden furnemmen; Daher auch dienen etlich ſtreitte
Gog vnd Magog/ſo von dem Propheten Ezechiel beſchrieben ſindt/auch vor
dem allgemeinen eynfahl Gog vnd Magog / ſo durch den loßgemachten Satan ſol erweckt werden. Apoc.20. Noch verflieſſung dieſer zeit lißt mann in
H. Schriſft nichts weiters/ außgenommen die halbſtund deß ſtillſchweigens/
in dero nemlich das Gericht wird gehalten werden: welche doch an die vorige
zeit nicht gehenckt wirdt.

Jetzunder volget die deutung vn erklärung vnſer Fiſche: in dero wir erſtlich
die hering/ ſo in Dennemarck gefangen worden/ betrachten wöllen demnach
wöllen wir auch den Grypswaldiſchen fiſch beſehen: vnd als denn den rechten
gebrauch vnd zweck dieſer dingen anzeigen. Weil Gott alle menſchen ernſtlich
hierdurch vor dem vorſtehenden vbel warnet / welches vollendung er von anfang deß thiers/die einwoner der erden zuprüffen eingeführt hat/vnd ietzunder
den außerwehlten zum troſt/das ſie ſich mit ernſtlicher buſſe zu Gott bekeeren/
gantz deutlich offenbaret.

Ob ich aber gleichwol in dieſen figuren der fiſchen nichts vermelde als mut-
maſſige ding/ vnd derowegen darfur möchte gehalten werden / als wenn ich
mit eitelen dingen vmgienge/ iedoch weil dieſe murmaſſunge nicht von mir er-
funden/ſonder auß Göttlicher gnade von ſich ſelbſt ſich dargegeben/vnd ſie ihr
fundament haben nicht in meinen chreümen/ ſonder in der zeitrechnung / die
wir zuvor auß H. Schrifft angezeigt/ſo hab ich ſie den Chriſtlichen leſer billich nit verhalten ſollen / vngeacht was andere darvon halten: welche ich ver-
mane das ſie nicht fürnemlich auff dieſe fiſch/ ſonder auff die angezogne zeugnuß der H. Schrifft ſehen.

Der hering iſt ein meer fiſch/ vnnd hat by den Griechen ſein nammen vom
Meer/deß waſſers er glebt wie Plinius zeuget. Derhalben bedeuten die zwen
hering/ ſo auff einen tag allein gefangen werden die zwen propheten / die von
dem Thier ſo auß dem meer ſteygt / ſollen gerödtet werden. Wie ſie denn ein-
hellig beydeſamen den termin der zeit der Propheten antag geben/von der geburt Chriſti vnſers Seligmachers biß auff das tauſent ſechshundert ſechs vn
dreiſſigſt iahr. Mit dem ſie mit vnſer zeitrechnung wunderbarlicher weiſe
vber einſtimmen.

Es iſt aber etwas vnderſcheids zwiſchen dem Deniſchen vnnd Norwegi-
ſchen hering/weil der ienig/als der gröſſer vber die tauſent/ſechshundertſechs
vnd dreiſſige iahr/noch drey vn ein halbes begreifft/in welcher zeit die leibe der
zeugen der warheyt vnvergrabē auff den gaſſen liegen ſollen/vermög der Offen-
barung-

barung/wie auch darbey stehet das sieg zeichen VICI , Ich hab vberwunden:
mit dem angezeigt wirt/wie hefftig auch das weib so vom blut der Heiligen ge
truncken worden triumphiere vber die ertödeten zeugen vnnd gleubigen vnnd
des zeugnis Jesu willen:so werde doch Christus den sieg erhalten/vnnd seine
zween zeugen erwecken vnd in himmel beruffen / gleich wie er/ als er von tod
ten erstanden/die macht der kriegsleuten zerstrewet vnd der heiligen leib auffer
weckt hat. Also werden auch Moses vnnd Helias im geist (denn dise sind die
zween zeugen Christi / dero werck Apoc.11.beschriben werden) nicht weniger
zum Herren in himmel hinauff steigen / als Moses vnnd Helias die Chri
sti reich anbilden / vor zeiten auff den berg Thabor gestigen sind/ vnnd dem
Herren Christo verkündiger haben/welches todtes er sterben wurde. Aber von
disen dingen sol außführlicher geredt werden in der posaunen des siebenden
Enge.s.

So wöllen wir die zahlen anheben von dem ende / vnnd von disem wort
VICI, Ich hab vberwunden. Dann es ligt nichts daran/an welchem ort man
die figuren der Heringen anhebe zuzellen. Allein ist dis zumercken/ daß der
grösser Hering die gewönlich art vnd gattung deß gemeinen lauffs helt in der
zahle: da das M tausend bedeutet. Der ander Norwegisch Hering aber truckt
clerlich auß die alt Lateinisch gattung zuzehlen als CIↃ. wie bald weyter vol
gen wirt.

So wirt nun die lingk seyten in zwo seiten oder stuck abgetheilt: Die erst
begreifft vnd beschreibt vns das wort VICI: die ander die übrigen zahlen.

VICI

So vil das wort VICI antrifft/das in diser seiten geschriben stehet/ so bedeu
tet nach gemeinem brauch das V fünff/das I eins/das C hundert/das I wider
eins/welches in summa thut hundert vnd sieben Eusebius schreibt/es sey dem
Keyser Constantino ein herrlich sieg zeichen erschienen/ als er wider Maxen
tium für Rom zoch. Denn in mittem tag bey hellem Sonnenscheyn hab er gese
hen ein fewrnes creutz mit disen buchstaben:ἐν τούτῳ νίκα. In hoc VINCE.
In disem zeichen vberwinde. Ich halte es darfür/daß allbereit zur selbigen
zeit/ehe das thier angefangen/vns das reich verendert worden /die Kirch sey
erinnert worden/ daß sie durch das creutz müsse vberwinde:welcher sieg regund

F iij

nicht mehr weit von seinem ende ist/wie denn das zeichen vnsers fisches/vnnd
die buchstaben/so den sieg außtrucken in dem wort VICI gnugsam andeutent
da durch das blut der Martyr die kirch begossen/vnd fruchtbar wirt gemacht
werden.

Eben in dieser linggen seyten stehet auch die ander seule zrustt daran mit
nachvolgenden characteren.

Da auß den dreyen buchstaben der erst ein M ist / welches auch Jerauenrius
vor mir gesehen:ob gleich der zug des ersten schenckels/ item der linien/ so mitten herdurch gehen mit der gewonlichen art zuschreiben nicht aller dings vberein stimmen.Die vrsach aber wöllen wir hernach anzeigen. Das M. aber also
gantz gilt für sich selbst tausend.Der ander buchstab ist ein vmbgekertes M mit
einem krumen hagen oder linien/welche durch das M an der einen seyten ge-
het/vnd es durchschneidet.Daß aber diese krumme linien/da sie die schlechten
durchschneidet/die zahl halbiere/ist ebenmessig auß den vbrigen figuren / wie
auch an dem Grypßwaldischen fisch zuvernemmen. So lehrt auch die natur/
daß das jeng halbiert werde/welches durchschnitten wirt.Daher auch in den
gemeinen zahlen das halb mit einem durchgezogenen oder durchgeschnidnen
i oder einem angezeigt wirt. So gibt nun das vmgekehrt vn durchschnitt M
fünffhundert.Daß aber das vorig M (welches tausend bedeüt) nicht durchge-
schnitten/sonder nur mit einer linien vmbgeben/kan ein yeder leichtlich mer-
cken.Daß aber das ander M vnderubersich gekeert ist benimpt der substantz der
zahl vnd des characters gantz nichts:wie auch nichts subtilers darauß sol ab-
genemmen werden:als denn Jerauenrius auß dem vmgekeerten M ich weiß
nicht was für ein vndergang der welt erzwingen wil.Denn auch in den vberigen erscheint/daß sie vmb vnderscheids willen etwan vnderübersich/ etwan
nebensich gekeert/auch etwan ihnen selbst entgegen gesetzt werden/ohne veren-
derung ihrer deutung / weyl dise zufellige ding vmb vnderscheidens willen allein sind erfunden worden. Der letzte buchstab ist ein linien die eins bedeutet
vnd hatzu vnderst etwas krumme / wie man gemeinlich macht an die letzten
buchstaben. So machet nun dise ling seyten in diesen zwei vnderschiedlichen
seulen tausend sechshundert vnd acht.

Jen

VWN

Jtz zeiget eben in dem Deutschen Hering die recht seyten/in welcher diese
buchstaben von dem kopff an sich erzeigen. Der erst ist ein V vnd bedeutet fünf
fe. Der ander sicht einem vnderubersich gekehrten M gleich. Jeraucurius a
ber hat es recht darfür/daß der punct/so in mitten über dise figur gesetzt ist/wie
in allen sprachen gebreuchlich/vnderscheide. Derhalben so diser buchstab (wie
wol er vmb der zierd willen zusamen geknüpfft ist) in zween theil getheilt wirt/
so wirt darauß ein vierfach V: das zwentzig bedeutet/also daß kein zweiuel hier
an zutragen/vnd dem character kein gewalt beschicht. Der letzt buchstab ist ein
N/welches an dem einen horn geschwentzt/an dem andern mit einem krum
men haggen durchschnitten ist/welcher die halbe bedeutung dises buchstabens
anzeiget. Derhalben fünden sich hie dritthalbe/da sonst fünffe weren/wo dieser
buchstab mit dem krummen durchgehenden haggen nicht halbiert were. Das
vberig lintzs horn bedeutet ein halbes/wie die mensur zu verstehen gibt. Denn
es so weit nicht erstreckt wirt/daß es ein gantzes bedeute/sonder auß geometri
scher proportion erscheint/dz es ein theil des kleineste bedeute/dz ist/den halben
theil des einen. So man nun zur vorigen summ/nemlich zu den tausend sechs
hundert vnd achten diese fünffe/zwentzig vnd drey setzet/findet sich die zahl der
jaren/da die prophecey ihr ende erreichet/nemlich von Christo an zurechnen/
tausend/sechshundert/sechs vnnd dreissig. Welches alles mit vnserer zeit
rechnung überein stimpt.

Eben diese zahl findet sich auch an dem kleineren Hering. Dies aber ist hie
neben auch zumercken/daß im grösseren Denischen Hering/über die tausend/
sechshundert sechs vnd dreissig jar nach drey vn ein halbes/das ist vierdthalb
jar beschrieben werden/in dem gewundenen M/das aller nechst bey dem wort
VICI stehet/nemlich also:

MI

Denn die theil dises M/so wol der erste/als die in mitten sind/mit krummen
tützen beschrieben werden/auff das hiemit nicht allein tausend mit diesem ga

gen buchstaben angezeigt werden/sonder auch ferner durch seine theil/vnd mit namen durch den ersten schenckel eins. Demnach durch die zwo mittelsten linien/so vnderschiedlich an einander geknüpfft/zwey/vnnd letzlich durch den gekrümten schwantz so durch vns vmb den anderen auffrichtigen schenckel gehet/ein halbes bedeutet werde. Derhalben mit dieser zahl die zeit angezeiget wirt/in dero die vntergrabnen leibe der zeugen der warheit / nach eroberung des siegs/widerumb lebendig gemacht werden. Derhalben auch gleich als durch eines Herolden stimme das wort VICI. Ich hab obenwunden / darbey außgeschrieben wirt. Vnd so viel vom grösseren Hering.

Volget der kleiner Norwegisch Hering/in desse rechten seiten/diese drey character gefunden werden.

Der erst bedeutet hundert: weyl er ein vmbkeert C ist/da dies vmbkeeren als ein zufellig ding/der substantz der zahl nichts benimpt. Der ander bedeutet tausend/vmb zweyer vrsachen willen. Denn erstlich die linien / so durch das C gehet/von einer seyten/zur anderen/ist wie ein zahl so zehen begreifft / vnd bedeutet zehen mahl so viel als sein zahl Denn. ich daß nicht iemands möchte sagen dies gelte allein in den graden/nicht aber in den krummen linien/so truckt die/e abtheilung gentzlich auß die zahl/so bey den Römeren tausend bedeutet Denn wie bey den Römeren die tausend zahl mit zertheilten characteren CIↃ geschrieben wirt/also wirdt hie eben die selbig mit zusamen gefügten characteren angebildet. Volget der dritt vnd letzt character / in dem ein deutlich C ist / das hundert bedeutet. Das aber aussen für daran gefengt ist / macht das C oder hundert fünfffach. Denn so einer erstlich das vmbgekeert C auff das lang horn stelle/so sieht er an dem oberen theil ein V /mit einem C/welches ein funffach C machet/das fünff hundert bedeutet. Demnach/so ist es einhalber theil eines zehners/ darumb er das C fünfffach machet. So ist nun die summ dieser seyten/tausend vnd sechs hundert.

Auff der anderen oder innagen seyten finden sich nachvolgende character.

WAIVI

Die zween

Prophecey.

Die zween ersten so an einander gehenget/ bedeuten ein zwisach v. welches
zehen machet darauff stehet wider ein A darinn die zween schenckel zwey be-
deckten. Die linien so darzwischen ist/ vnnd innerhalb an beyde schenckel rürt/
macht ein zahl die zehen bedeutet/ vnd zeygt also an/das beyde schenckel zehen-
mal sollen gezehlt werden/ darauß denn zwentzig werden. An diese wirdt gesetzt ein 1. welches eins bedeutet. Der vierdt ist ein v. daran das ander horn zerbrochen ist/ damit anzuzeygen/ das von den fünffen eins
hinweg fallt/ bleiben also hie vier. Letzlich stehet ein 1. welches eins bedeutet. Wenn iemands fragte/ warumb das v. nicht gantz behalten/ vnd das
letzt 1 auß blieben sey/ weil durch das zerbrochen v vier/ vnd durch das 1 eins
bedeutet wirdt dem gib ich zur antwort/ es wird auff diese weis aller fleyß diß
geheimnuß zuerforschen auffgehebt. Es wil aber der Herr mit der schwere der
außlegung anzeigen die gabe der offenbarung/ vnnd das verborgen dieses geheimnuß. Welches nunmehr als ich hoff/ also am tag ist/ das die zehen characteren kein gewalt nicht geschicht. So finden sich nun auff der lincken seyten des
kleyneren herin zweytausent sechshundert/ sechs vnnd dreissig/ welche zahl mit
dem ende des Prophetischen zeugnuß vber einkombt.

Jetzt komen wir an den grynswaldischen fisch/ der an der einen seiten/ eben
das/ was die hering/ begreifft/ neben ? ein das etliche bedeutende noten dabey
gesetzt werden auff der anderen vnd rechten seiten aber/ weyset er vor den vndergang des thiers/ vnnd erstreckt die zeitrechnung biß auff die aufflösung des
Engans/ nemlich biß in das tausent/siebenhundert vnd zehend iahr. Bestetiget also er die vergehnden ding/ so in hering außgetruckt sind/ vnnd zeygt
ferner die nachfolgenden an.

Die aber werden erstlich gesetzt etliche zalen vnn bedeutende noten/ so an dem
schwantz der rechten seiten stehen/ so man von der rechten hand gegen der lincken sicht.

P X V CC II

In diesen zahlen aber ist diß sonderlich zumercken/ das sie nit wie in den fe-
rtige anzal/ eben sind von der geburt Christi/ sonder von dem termin/ den der
Engel setzt/ Daniel 12. welcher im tausent siebenhundert vn zehenden iahr sich
ereygen sol/ wie droben vermeldet. Welches nicht ohn besondere vorsehung

Meerwunderische

Gottes beschehen/ damit also zu allen theylen gesehen werde/ das die zeit rechnung recht/ vnnd mit der prophecey Danielis vnd der Offenbarung/ vbereyn-
stimbt.

Derhalben bedeutet diß zweyfach. 1 zwey/ demnach die zwey C zwey hun-
dert/ für das dritt wirdt ein dreyfach B. gesetzt/ aber an statt des letzten herns/
wirdt eyn bedeutend schwerdt gesetzt/ welches weil es an den zahlen stehet / so
sol es auch gezehlt werden. Auff das schwerdt volget eyn durchgestrichen P.
welches bedeutet die Propheten/ so da sollen getödet werden. So bedeutet nun
das schwerdt von wegen der zehenden zahl/ die dem hefte ein kreitz machet/
zehne. Es muß aber das gantz schwert mit allen seinen stucken zu der zehenden
zahl gezogen werden/ auff das der bedeutend character nicht zu grund gehe/ vñ
man nicht eyn halbes/ für das gantz schwert habe. Darauß volget wenn mann
das schwert hinweg nimbt/ vnd das vberig für sich selbst zehlt/ das nicht mehr
bleibt als zwey v / vnnd eyns/ niemlich an dem ort / da es eyn egg mit dem
schwert machet. So bedeutet nun dieser gantz character eyn vnd zwantzig/ weil
denn nun diese zahlen alle in eyn sum zusamen gezogen werden/ so machen sie
zweyhundert vnd drey. Wenn man aber diese sum/ zu dem termin thut den der
Engel vorgezeygt/ vnd der fahlt in das tausent/ dreyhundert/ sechs vñ siebentzig
jahr/ so wirdt darauß die zahl der tausent/ fünffhundert/ neun vñ neuntzig jahren. Ob gleich das ende der brophecey vnnd des niderlags der zweyen zeugen
Christi wirdt nicht kommen vor dem tausent/ sechs hundert vnd sechs vnd drey-
sigsten Iahr/ wie drobe angezeyget; So wirdt doch nicht vm sonst das schwert/
vñ dz außgelöscht P. hie gesetzt/ welches bedeutet dz die Probhete sollen getödet
werden: welches auch sich eräuge auß dem ende der characern dieser seiten/ da
dañ bey den angezeyten vierthalben tagen/ in denen die leib der Prophete vn-
dergraben ligen werden/ ein auffrechte schauffel stehet/ als ein augenscheinlich
zeychen dieser dinge/ wie bald weiter volge wirdt Das durch gestrichen P. aber
wirdt von den nach volgenden zahlen mit einem puncten vnderscheiden / auff
das niemand vermeynte / es sölle mit den nach volgenden zahlen auch gezehlt
werden/ sonder ein ieder verstande/ das es allein bedeutnuß weise gesetzt seye.

Volget der ander theyl in welchem das dreyfach B. fünffzehen bedeutet/
Gleich darauff werde zwey schwerter mit zweyen I dero iedes eins bedeutet ein-
geschossen/

geschlossen. Da erstlich die zahlen/ demnach die bedeutung der zeichen zu mercken. Die zahlen bedeuten in zweyen 1 vnd in den zweyen kreutzen der schwerter zwey vnd zwentzig. Denn weil beide schwerter in die zwey 1 eingeschlossen sind/so sollen sie auch beyde gezehlt werden: das letzt zwahr von wege der nachvolgenden zahl/das erst aber wegen der natur des anderen. Vnnd diese zwey 1 dero iedes eins bedeutet/ vnd 2 2: zwey schwerter sampt ihren zahlen/ bedeuten eigentlich die zeyt/da die zween Prophete sollen geiödt werden. Welches gantz offenbar wirdt/ wenn mann die gantz summa zusamen zeucht. Denn so man diese fünffzehen vnd zwey vnd zwentzig zu den vorigen tausend/ fünffhundert/ neun vnd neuntzigen thut/ so machen sie mit ein ander tausent/ sechs hundert/ sechs vnd dreissig/welches das ende ist/des Prophetischen zeugnuß/wie es in der Schrifft angezeiget wirdt. Vor zeyten aber braucht man ein groß vn klein schwert/welche auch mit dem grösseren vn kleineren hering können verglichen werden/ vnnd bedeuten die zween Propheten. Nun komen wir auff das letzte stuck/ an welchem zwo zahlen vn ein schauffel stehet. Vn ist auch diß stuck vom vorgehenden mit einem puncten vnderscheyden/ damit die zeit der begrebnuß vnderschiedlich angezeyget werde. .

Die stehet erstlich ein strum 1/welches diß vngeachtet eins bedeut. Noch disem stehet ein durch gezogen B mit einem krummen haggen/ welcher die zahl halbiert/ also das hie fur fünffe dritthalbe gesetzt werden/welche mit dem vorigen einem vierdehalb machen/ vnnd also andeuten die drey vnd eyn halben tage/ in denen die leibe der Propheten nicht begraben/ sunder auff den gassen d groffen statt/welchegeistlich ist Sodoma vn Egyptē ligen werde. Derhalbē bey dieser zahl ein schauffel nicht gegen der erden sonder gegen himel gerichtet/gesetzt wirdt/ als die solchen Jemerlichen handel vorgesagt vnnd bedeutet: Ist also die summ dieser seiten/ da man diese vierthalb Jahr zu den tausent/ sechs hundert sechs vnd dreissigen thut/ tausent sechs hundert neun vnd dreissig sampt sechs Monat/ als wen dz V I C I auff dem Denischen hering gehet. Vnd ist sich billich darüber zu verwundern/das die verhinderung der begrebnuß auß dem greyps waidischen fisch angezeyget/ auff den heringen hergegen eins theils ihr tod/ an ers theyls ihr sieg/ durch die aufferstehung der zeugen

Chriſti im wort VICI außgetruckt wirdt/ alſo das dieſe ding alle gantz lieb-
lich vbereinſtimmen/ vnnd mit ihrer einhelligkeit billich allen verächteren der
wunderwercken Gottes das maul ſtopffen ſollen.

Nun kommen wir auch/ auff die ander vn linck ſeiten des Grypswaldiſchen
fiſches/ auff dero die verdammnuß der groſſen huren/ nach dem ſie die Propheten getödet angezeygt/ vnnd darauff die vberig zeit/ biß der Satan auffgelöſt
wirdt/ beſchrieben wirdt. Wir haben droben geſagt/ das die ſtund/ der tag/ der
monat/ vnd das iahr Apoc.9. angezeigt werde/ in dem der dritt theyl der men-
ſchen/ ſo die teuffel vnd die güldene/ ſilberne/ ſteinerne vnd hültzerne bilder an-
gebeten haben/ ſollen getödet werden. Sie werden aber getödet werden mit
fewer/ rauch/ ſchwefel vom reiſigen zeüge der zwey tauſent mahl hundert tauſent begreiffet/ die vbrigen aber werden von dem ſchwert/ das auß deſſen munde
gehet/ der auff dem pferd ſitzet vmbkommen/ Apoc.19. Dieſer dingen noten vnd
figuren erwegen wir alſo.

Die zwey erſten krummen i bedeuten zwey (wie auch zuvor) vnd derhalben
zwey iahr/ auß welchen man i. ihnen muß die ſtund/ tag/ monat vnd das iahr/
darum die hur ſol verbrennt werden: den vbrigen aber ſo mit dem ſchwerdt
ſollen getödet werden gehört die vberig zeit die zwey iahr zu erfüllen/ ſo mit den
zwey i außgetruckt ſind. Darauff volget ein krum ſchwert/ vñ auff das ſchwert
ein kleine vnd ein groſſe buchſz/ vnd auff die buchſen ein ſporen: Endtlich auff
den ſporen ein zerbrochen R. als ein zeichen des Römiſchen Reichs welches
den vndergang des thiers vnd des falſchen propheten bedeutet. Das R. ſtehet
wol/ aber doch etlicher maſſen zerbrochen/ denn die füſſe des eyſernen Reichs
der vierdten Monarchey werden nicht gantz außgereutet/ biß daſſelbig der ſtein
vom hümel/ ohne beide außgehawen/ das iſt Chriſtus der zum gericht kömt/
zertreten wirdt/ Dan.2. Derhalben ob gleich auff die vierdte kein Monarchey
mehr volget/ ſo werden doch das thier vnd der falſch prophet mit einandern lebendig in das fewer geworffen werde/ Apo.19. Derhalbe wirdt dz iechen hörnig
thier/ mit ſampt dem zwey hörnigen abgethan vnd wirdt nichts deſto weniger
die vierdte Monarchey nicht gar zergehen/ fürnämlich wenn die drey falſchen
geyſter/ an ſtatt des verdambten thiers vnnd falſchen propheten/ vnnd des ge-
tunckten

Iunden Satans/ außgehen vnd ihr statt vertretten werden/ biß der Satan
hernach volgen/ vnnd ein vnsägliche grausamkeit erzeigen wirdt. Was aber
die büchsen wöllen/ verstehet man darauß das Apoc. 9. cap. auß trucklich des
fewers/rauch/vnd des schwefels gedacht wirt/welche ding alle in den büchsen
sind/ weil das büchsen pulfer auß schwefel gemachet wirdt.

Es ist auch vnlangst ein vornemmer mann gewesen / der ein solche ga-
tung der fewerne kugel erfunden / mit den man weit schieffen kundte vnnd die
sich selbst anzündten/vnd nicht kundten außgelöscht werden/vnd die auch die
harten felsen in kalch verbrennen möchten. Er hat aber solche kunst mit sich
vnder die erden genommen/ damit er dem menschlichen geschlecht kein schäd-
lich ding hinder sich liesse:welches ich allein der vrsachen halber vermelde/weil
ich darfur hab't/ es werde zur selbigen zeit/ ein besondere art des fewers die hur
zu verdammen vnd zu verderben gefunden werden.Das schwert aber/das neben den büchsen stehet/bedeutet allein etwas/ als auff welches allein bedeutende figuren volgen/ vnnd sol derhalben sein kreuz nicht gezehlt werden weil
das schwerdt weder an die zahlen gehenckt/ noch zwischen den selbigen gesetzt
ist.Sein krümme aber/ wie bekannt / zeiget an sein schwere vnd erschröckenliche
rach/ da nemlich die zehen kunig selbst/so iezunder dem thier dienen/ die huren
vmb bringen werden. Diß sey von dem gericht der Huren/ vnd der vberigen so
mitt dem schwert sollen getödet werden gnug gesagt.

Die vbrigen character werden ferner also außgetruckt.

Die erst figur wenn sie gantz were/bedeutet funff zehen/ als ein dreyfach v.
weil aber ein schenckel darinnen den anderen nicht begreifft/ so zeuget er an/
das mann von der sum etwas abziehen müsse. Wie viel aber diß sein müsse
lehrt der nachvolgend character der zu den funffzehen eins thut mit seinem
fürgehenden hagen. So werden nun mit dem ersten character vierzehen/ vnnd
mit dem anderen sechs zehen bedeutet Demnach volgen zwen möhnde/der ieder eins bedeute/ weil der ein grösser ist als der ander/ vnd keiner in ein circkel
gebogen/wie auch droben die krummen linien eins bedeutet haben. Innen fur
aber stehet ein nebenstrichi welches ist der halb theyl einer zehenden zahl/
oder x vnd zeyget an/ das die einzig zahl vor funffe sol genommen werden. Derhalben machen beyde möhnde zehen. Sie sind aber nicht vngleich einem bo-

H

gen mit sampt einem pfeil/aber doch ohne ein senen. Darvon die nachkomen-
den besser werden können vrtheylen.Denn ob gleich die geyster der teufel/so zu
den künigen der erden außgehen werden / mit macht sich werden hören lassen/
so wirdt doch zu letst ihr fürnemen wider die Heyligen vergeblich sein/als von
denen das reich nicht mehr sol genommen werden. Mit den drey nachvolgenden characteren werde dreyzehen bedeutet. Denn die viergel bedeutet eins/das
erst vber sich stehend v. fünffe / das vngewandt ebe so viel/vn das ein vorgehen
de horn/wieauß arithmetischer proportion betädt/zwey/sein also sieben. So ist
nun die gantz sum dieser seiten also zu rechne. Das iahr darinnen die Prophete
söllen getödet werde/ist das tausent/sechs hundert/sechs vn dreissig. Wen man
ferner drey vnd ein halb iahr/biß zu der auffrechte schauffel (so lang die leib der
Propheten werde vnbegraben liggen) darzu thut so hat man das tausent/sechs
hundert/ neun vnd dreissigst iah: Christi mit sampt einem halben iah:. Weiter thue man hierzu zwey iahr/in denen die hur mit fewer schweffel vnd rauch
verbrennt vnd die anderen mit dem schwerdt werden dahin gerichtet werden/
so wirdt man haben das tausent sechs hundert ein vnnd vierzigst iah: Christi/
sampt einem halben iah:. Weiter die vier zehen / sechs zehen / die zwey mahl
fünffe eins/die fünffe/vn die siebne/mache das tausent sechs hundert/ vier vn
neunzigst iah: Christi / sampt einem halben iah:.¶ Diß stuck hab ich darumb
besonderbar gezehlet/weil geschrieben stehet/ das nach dem die hur vnnd das
thier verdambt/ inn den tagen des siebenden Engels/ nach der aufferstehung
der zeugen Christi / das geheimnuß werde vollendet werden: wie es Gott seinen knechten den Prophete verkündiget hat/welches ist die erst aufferstehung.
Welche in dreyssig iahr eingeschlossen ist / nach der maß der Natur des volkommen manns in Christo. Kann der halben hieher gezogen werden das S.
Paul schreibt Ephes. 4.biß wir alle (da die Juden wider auffgenommen werden) komen zu einerley glauben vnd erkanntnuß des Sohns Gottes / zu einem
volkommen man. Welches wie es solle verstande werden/erklert der Apostel dz
wir nemlich nicht mehr kinder seyen/rc. Weil die recht volkomenheit erst am
letzten tag/welcher der tag der widergeburt vnd des lebens ist/den glaubige wi-
derfahren wirdt.Nun ist vberig das letzte stuck mit nachvolgende characteren.

ſſ ✗II ∦

Die erst nota von der rechten hand zur lincken zurechnen ist ein schwerdt
sampt

sampt einem vnd er übersich gekeerten v. das mit dem schwert durch schnitten
wirdt. Derhalben bedeutet das v. nicht fünffe/sonder nur halb so viel/nemlich
dritthalbs. Das schwert aber weil es durch diß v.gehet sol auch gezehlt werdē/
bedeutet derhalben das kreuz zehen/vnd der krumb hacken oben an dem knopff
macht auch eins/bedeutet also die gantz figur dreizehen/vnd ein halbs. Darauff volgen zwey 1. dero iedes eins bedeutet / welches das ende der zahlen ist.
Denn das kurtz schwert / so hernach volget / kan von wegen der zwey nachvolgenden S.nicht gezehlt werden/vnd hat allein sein besonderbare bedeutung/wie
auch die zwey SS. Denn das schwert bedeutet vns die künig der erden / so von
den fröschen geystern getrieben werden / auch die gogischen scharmützel / ehe
der Satan auff gelößt wirdt/die vom Ezechiel vergesagt sind. So ist nun die
sum dieses/fünffzehen vnd ein halb iahr/welche zu den vorigen tausent/ sechs
hundert vier vnd neuntzig vnd einem halben iahr gerechnet / machen das iahr
Christi tausent sieben hundert vnd zehne. Welches der termin ist/da der Satan sol auffgelößt werde.Derhalben werden zu letzt zwey S. als zeichen der pfey-
senden schlange/eben in der erdnūg/ wie drobe das P. vñ R. gesetzt sind/die da
anzeige/ dz nach erfüllūg dieser zeit Solvetur Satan d' Satan solle auffgelößt
werdē. Also habe ich bißher nach d' gnad/die mir Gott verliehe/die mehr würde-
rische fisch erklert/vñ auff die zeit rechnūg Daniels vñ der Offenbarūg gezogē.

Ist derhalben vberig das ich auch kurtz vnnd zum bschluß / den glaubigen
zum trost vnnd vnderricht vermälde / wie diese ding zu gebrauchen / auff das
menniglich wüsse / wie er sich in diesem Jamer sölle halten/ vnnd sich bereyt
mache/ dem Herren Jesu wider die gottslesterung des Thiers zeugnuß zu
geben. Damit nun alles desto heiterer sey / was von dem niderlag der zeugen
Christi/welchen das thier verursachen wirt/geweissagt ist/vnd was die kirchen
antrifft wöllen wir hie kurtz widerholen/was ihm 13.Cap. der offenbarung/wie
droben auch vermeldet/angezeigt wirdt. Denn das Thier/ welches auß dem abgrund herauff steigt/vñ siben häubter vñ zehen hörner hat/durch welche soviel
künigreich vnd künig/ die ihren gewalt dem Thier geben/ verstanden werden/
biß Gottes wort erfüllt werden/Apoc.17.v.12.13. Dan.7.v. 24. Der ander zustand der vierdten monarchey ist/den sie hat vom iahr drey hundert sechs vnnd
siebentzig biß zum ende der Prophetischen zeugnuß / nemlich biß in das tausent
sechs hundert/vnd sechs vñ dreyßigst iahr. Es wer aber zuwünschen/ das wie
nur zween hering haben können gefangen werden/ also auch dieser gantze handel mit dem niderlag/der zweyen letzten Propheten/die ihre Seeln gern biß in
den todt dar strecken werdē/geendet wurde/vnd nicht viel mehr die gantz Kirch

Ħ ij

Christi ein mercfliche trübsal zugewarten hette. Denn hernach wenn diese zeit
für vber/werden die zehen hörner selbst die huren verfolgen/ vnnd werden nach
dreyen tagen vnd einem halben/in einem iahr/monat/ tag vñ stunde/ sie öd
vnd bloß machen ihr fleisch essen/ vnd sie mit fewer verbrennen. Als denn wiret
auch das thier/welches ist das irdisch haubt/ vnnd der falsch prophet/welcher
ist das geistlich haubt/genommen/ vnd mit ein anderen lebendig in den ferri-
gen pful / der mit schweffel brunnt geworffen werden/ Apoc. 19. vorsin aber
werden die hörner / das ist die kunig mit dem Lamb streitten / so lang sie dem
Thier ihren gewalt geben. Apoc 17.v.14.   Wie denn auch gescriel en stehet.
Apoc. 19.v.19. vnnd ich hab gesehen das das thier vnd die kunig der erden sich
versamlet mit dem zustreiten/ der auff dem pferd saß vnnd mit seinem heer zug.
Da wirdt aber hingegen am 17.Cap.v.14. außtrucklich hinzügesetzt vnd das
Lamb wirdt sie vberwinden / weil es der Herr aller herren vnd der Künig aller
künigen ist/vnd mit ihme die beruffnen vnd außerwehlte vnd glaubigen. Derhalben sollen wir steiff glauben/ob gleich ein trauriger vnd grosse niderlag geschehen werde/das doch die kirch nicht werde mögen außgerottet werden/son-
der mit Christo den sieg erhalten werde.Denn das thier streitet nicht allein mit
den Heyligen/sonder mit dem Herren selbst/ia mit dem Herrn aller herren/ vñ
mit dem künig aller künigen.Darumb müssen die fiend des Lambs zum schämel
seiner süssen werden.Daher stehet mit außgetruckte worten Apoc.11.da von den
leyben der zweyen zeügen / die auff den gassen der grossen statt lige werde/ so da.
heist geistlich Sodoma vnnd Egypten/gehandelt wirt / auch dabey/ Da vnser
Herr gecreutziget ist/von wegen seines Geystlichen leibs der Kirchen auff das.
wir verstehen/das der iahmer nicht allein vber die Heyligen gehe/ sonder auch
den Herren selbst antreffe/ welcher ihn gleich als sein eigene creutzigung vnnd
vermaledeyung halten werde.Derhalben glauben wir / Gottes Reych werde.
auß dem niderlag vnd todt der Heylige erweckt werden.Vnd ist gewiß/das die
trübsal so vō anfang des thiers vber alle einwohner der erde kemi/sie zuprüfsen.
zum end nacher/auff das wir vns bey zeiten darzubereyte.   Wie aber diß gesche-
he solle/hör den Herre selbst.Dein nach dem er vermäldet/das dem Thier mache
gegeben zu thun zwen vnd vierzig monat / vnd zustreiten mit den Heyligen
vnd sie zuberwinden/ vnd daß ihme gewalt gegeben vber alle geschlecht/sprach-
en vnd rö.cker/so setzt er mit hinzu/wie sich die glaubigen halten sollen/vnd
dasselbig so wol in geystlichen als in leiblichen sachen. In geistlichen also:
[Vnnd es werden das Thier anbeten/dero namen nicht geschriben sind in
dem Buch deß lebens deß lambs das geschlachtet ist von anfang der welt.]

Derhal-

Prophecey.

Derhalben werden die außerwehlten sich hüten (andere thun was sie wöllen) daß sie ihr gewissen mit verehrung vnnd anbettung deß thiers nicht beflecken. In leiblichen dingen aber gibt er vns ein hertzlichen trost / welchen zuvernemmen er vns also vorbereytet: [Wer ohren hat zuhören / der höre.] Was aber? Wer in gefangenschafft führt / der wirdt in gefangenschafft geführt werden. Wer mit dem schwert tödtet / der sol von dem schwert vmbkommen.] Weñ aber dieses gesagt sey ist hierauß zumercken: [Sie ist gedult vnnd glaub der Heiligen.] So sollen wir nun den feynd nicht anreitzen / auch für vns selbst weder gefangen nemmen noch tödten / wo wir nicht wöllen gefangen genomen vnd getödt werden. Vnd wer wol zuwünschen daß man dessen gewaret wider den Türcken / vnnd daß man nicht durch meyneyd Bladislai deß künigs in Vngeren / oder viel mir deß Papsts / ein grossen iahmer vber vns gebracht / da man die artickel deß fridens nicht gehalten hat. Von welchem Ananias Ierauicurius in seiner vorred an künig Friderich in Dennmarch recht vnnd wol schreibt. [Es ist nicht von nöten daß man die feynde reitze / sonder daß man damã gereitzt wirdt / ihnen widerstehe.]

Die suñ ist das wir vns verhalten / wie im buch Hester am 8. cap stehet Deñ als deß künigs wort die Juden zuverderben / nicht könnte widerruffen werden / ist dem selbigen ein ander wort also entgegen gesetzt worden: [Der künig gab den Juden / wo sie in stetten waren sich zuversamlen / vnnd zustehen für ihr Leben / vnnd zuvertilcken / zuerwürgen vnd vmbzubringen alle macht deß volcks vnd landes / die sie engstiten.] Als nun die Juden diesem nachgangen haben sie den sieg erhalten / vnd sich an ihren feynden gerochen. Ist derhalben gewiß zuhoffen / das auch wir auff diese weise den sieg auch mit leiblichen waffen erlangē werden. Diß aber ist sonderlich zumercken / daß diß den Juden in der Babylonischen gefencknuß / vnnd vnder einem frömbden joch begegnet. Welches joch da wirs nicht wöllen auff vnser helse bringen / sollen wir ein leidentlichen frieden / dem offentlichen krieg weit vorziehen. So wir nun diß thun werden / vnnd darüber die feynde vns wider alles recht vnd billigkeit weiter zusetzen werden / sol vns als denn die gegenwehr billich zugelassen sein. Auff diese weise / wirdt das Thier / vnd der falsch prophet nit vberwinden / sonder vnden ligen. Der HErr Jesus ie hertzen vñ nieren weißt / erleuchte den verstãd aller deren die ihn mit reinem hertzen anruffen / damit wir mit ehren hören / vnd mit augen sehen sein wort vnd den glauben / vnnd die gedult erzeigen die der Herr von vns fordert / damit Gottes ehr / der Kirchen heyl / vnd diß Antichristen verderben gefurdert werden / Amen / Amen.

Schlüssel

Die obgeſetzte Prophetiſch zeitrechnung mit dem Järlichen Sonnen lauff zuvergleichen.

In bſchloßner ſchatz iſt Propheccy/
Ohn Schlüſſel niemants kompt herbey/
Der ſchatz ligt da/den ſchlüſſel gutt
Nim hin/ der die zeit offnen thut.

Dreyhundert vnd auch Sechtzig tag/
Ein yetlich Jar bey vns vermag/
Den ſetz zu fünfftag vnd j. quart/
So haſt der Sonnen lauff vnd art.
Nimbſt dann die fünfftag von der Sum̃/
So haſt der Jaren eigenthumb
Der Heyligen Schrifft/ darvon die zeit
Vns näher ob dem hals yetz ligt.
Ob nun die Schrifft die kürtzer art
Allein verſteh/ oder die quart
Sampt den fünff tagen darzu kommen/
Wer weißts? (noch vollem lauff der Soñen)
Setz zu/ minsweg/ eintwedere gſtalt
Die Schrifft im zeitrechnen behalt/
In dem was gweſen/ iſt/ ſein ſoll/
Sich hundert Jar kum werden voll
Glaub vnd thu buß/ verlaß die welt/
In Gottes Rych ſchlach vff dein zelt.

Epigramma
von
Einem liebhaber der warheit
gestellt.

Wiß ist daß Gott zu ieder zeit
Sein außerwölten zeichen gybt:
Daß sie ihr haupt hebind empor/
Entrinnen grosser straff vnd gfaar.
Gotts wunder nicht zuersaumen sind/
Der Mensch sol suchen das er find
Ihr deutnuß/warnung zu seim heil/
Die Gott durch seinen Geist mittheil/
Die Welt achts nichts/verlachts allein/
Wie zu Noes zeiten gschach in gmein:
Ander bekennen wol die gsicht/
Aber was deüt/sie nicht ansicht/
Wo nun die außlegung der Schrifft
Welche von Gott selbs ist gestifft/
Gwiß ist/vnd drauß gnommen/fürwar
Wer will die nicht gut heissen gar?
Wer sölchs verwirfft/was ist im recht?
Weyls mit Gottswort/einfeltig schlecht/
Ohn allen zwang/kompt vberein/
Solt diß ein Christ nicht zbtrachten sein?

Auff dem Mon thut der Glaubig stahn

Christus die Sonn in Kleider schon.

Weyler muß ja viel endrung han

Der Morgenstern der ist sein Kron/

TIGMUSAFTIGE Do S02331